愛探險的帝王

亞歷山大

成彥邦 著
陳紫薇

三民書局

獻給孩子們的禮物

世界上最幸福的孩子,是他們一出生就有機會接近故事書,想想看,那些書中的人物,不論古今中外都來到了眼前,與他們相識,不僅分享了各個人物生活中的點滴,孩子們的想像力也隨著書中的故事情節飛翔。

不論世界如何演變,科技如何發達,孩子一世幸福的起源,仍然來自於父母的影響,如果每一個孩子都能從小在父母親的懷抱中,傾聽故事,共享閱讀之樂,長大後養成了閱讀習慣,這將是一生中享用不盡的財富。

三民書局的劉振強董事長,想必也是一位深信讀書是人生最大財富的人,在讀書人口往下滑落的多元化時代,他仍然堅信讀書的重要,近年來,更不計成本,連續出版了特別為孩子們策劃的兒童文學叢書,從「文學家」、「藝術家」、「音樂家」、「影響世界的人」系列到「童話小天地」、「第一次」系列,至今已出版了近百本,這僅是由筆者主編出版的部分叢書而已,若包括其他兒童詩集及套書,三民書局已出版不下千百種的兒童讀物。

劉董事長也時常感念著,在他困苦貧窮的青少年時期,是書使他堅強向上,在社會普遍困苦,而生活簡陋的年代,也是書成了他最好的良伴,他希望在他的有生之年,分享這份資產,讓下一代可以充分

使用，讓親子共讀的親情，源遠流長。

　　「世紀人物 100」系列早就在他的關切中構思著，希望能出版孩子們喜歡而且一生難忘的好書。近年來筆者放下一切寫作，接下這份主編重任，並結合海內外有心兒童文學的作者共同為下一代效力，正是感動於劉董事長致力文化大業的真誠之心，　更欣喜許多志同道合的朋友，能與我一起為孩子們寫書。

　　「世紀人物 100」系列規劃出版一百位人物故事，中外各占五十人，包括了在歷史上有關文學、藝術、人文、政治與科學等各行各業有貢獻的人物故事，邀請國內外兒童文學領域專業的學者、作家同心協力編寫，費時多年，分梯次出版。在越來越多元化的世界中，每個人都有各自的才華與潛力，每個朝代也都有其可歌可泣的故事，但是在故事背後所具有的一個共同點，就是每個傳主在困苦中不屈不撓，令人難忘的經歷，這些經歷經由各作者用心博覽有關資料，再三推敲求證，再以文學之筆，寫出了有趣而感人的故事。

　　西諺有云：「世界因有各式各樣不同的人群，才更加多采多姿。」這套書就是以「人」的故事為主旨，不刻意美化傳主，以每一位傳主的生活經歷為主軸，深入描寫他們成長的環境、家庭教育與童年生活，深入探索是什麼因素造成了他們與眾不同？是什麼力量驅動了他們鍥而不捨的毅力？以日常生活中的小故事，來描繪出這些人物，為什麼能使夢想成真。為了引起小讀者的興趣，特別著重在各傳主的童年生活描述，希望能引起共鳴。尤其在閱讀這些

作品時，能於心領神會中得到靈感。

　　和一般從外文翻譯出來的偉人傳記所不同的是，此套書的特色是，由熟悉兒童文學又關心教育的作者用心收集資料，用有趣的故事，融入知識，並以文學之筆，深入淺出寫出適合小朋友與大朋友閱讀的人物傳記。在探討每位人物的內在心理因素之餘，也希望讀者從閱讀中，能激勵出個人內在的潛力和夢想。我相信每個孩子在年少時都會發呆做夢，在他們發呆和做夢的同時，書是他們最私密的好友，在閱讀中，沒有批判和譏諷，卻可隨書中的主人翁，海闊天空一起遨遊，或狂想或計畫，而成為心靈知交，不僅留下年少時，從閱讀中得到的神交良伴（一個回憶），如果能兩代共讀，讀後一起討論，綿綿相傳，留下共同回憶，何嘗不是一幅幸福的親子圖？

　　2006 年，我們升格成為祖字輩，有一位朋友提了滿滿兩袋的童書相送，一袋給新科父母，一袋給我們。老友是美國國家科學院院士，曾擔任過全美閱讀評估諮議委員，也是一位慈愛的好爺爺，深信閱讀對人生的重要。他很感性的說：「不要以為娃娃聽不懂故事，我的孫兒們一出生就聽我們唸故事書，長大後不僅愛讀書而且想像力豐富，尤其是文字表達能力特別強。」我完全同意，並欣然接

受那兩袋最珍貴的禮物。

　　因為我們同樣都是愛讀書、也深得讀書之樂的人。

　　謹以此套「世紀人物100」叢書送給所有愛讀書的孩子和家庭，以及我們的孫兒——石開文，他們都是世界上最幸福的孩子，因為從小有書為伴，與愛同行。

　　　　　　　　　　　　　　　　　　　簡宛

作者的話

　　西洋人對看不懂，聽不懂，或讀不懂的東西，如果失掉了興趣，也不想花精神去弄懂它，常常會來一句口頭禪：「對我來說，這些東西，簡直是希臘文。」可見希臘文不好懂，不易懂，又不好讀，究其原因，主要是希臘文字包括人名地名，又長又難念，拼音稍微有一點出入，就變成完全不同的人和地了，尤其古希臘的家族只用名沒有姓氏，同名字的人特別多，比如說這本書所談的亞歷山大三世是腓力二世的兒子，亞歷山大二世反而是亞歷山大三世的伯父，亞歷山大一世是三世的太曾祖父，兩人之間相隔了一百七十多年。光這一點就把西洋人都搞糊塗了，何況我們這些不同文化背景的少年讀者，豈不覺得更「希臘文」了？因此，書中談到的希臘歷史、人物、地理和一切有關的事物，我們盡量讓它們「易懂化」，使讀者不覺得艱深，可以輕鬆愉快、趣味盎然的讀。

　　恰巧，2004 年的奧林匹克運動會在運動會的發源地——希臘的雅典——舉行。三千多年前，古希臘由一個個城邦分據，城邦之間常為

了一點小摩擦而大動干戈。那時早有了競技的運動會，一到祭祀天神宙斯的競技活動時，各方城邦都派人來參加。直到西元前 776 年，希臘哲人想出一套辦法，在奧林匹亞大家不講狠話、不拿武器，只作競技，如此一來，便形成了在他們的古文明中，最璀璨的部分——以競賽代替了殺戮，以運動場代替了戰場。這種闡揚和平的高貴情操，一直沿續迄今 。 接下來 2008 年的運動會，將在中國大陸北京舉行。中國與希臘都是歷史悠久的古國，在亞歷山大的時代，這兩個國家沒接上軌，也未在戰場上狹路相逢，居然到了二千三百四十年後，在奧運接上了軌，在運動場上見真章。何其有幸！兩古國擦出的火花，發生在運動場上，文明啊！文明。

古希臘人崇拜各種神祇，神話中的美少年「那色逝」愛戀自己在水中的倒影，日夜思念，得了憂鬱症，憔悴而亡，死後化作水仙花，正是生也要美，死也要美。這些神話的影響，使人們崇尚人體美，人神同形，人死後可封為神，出現在各式各樣的雕塑藝術品中。亞歷山大以三十二歲的英年去逝，正是男性身體健美的極盛期，他留給人們的印象，永遠是健美的化身。然而，中國古代的哲人卻早已認識到，美與善未必同時存在於一個人的身上，孔孟將倫理道德置於人體美之上，主張以仁為基礎，以禮為準繩，有了仁和禮的善，才有美的出現，把人的

修養工夫，和道德的善當為首要，不作興單單推崇人體的健美，甚至不屑於那些以美貌取寵的統治者。這一點與西洋文化有很大的區別。

至於文中提及「宙斯之子」、「太陽神之子」、「阿蒙之子」這些名稱，我們且把它當作日常口語說的，某某人是「經營神之子」。父親本不是神，兒子當然也不是神，而是凡人。這樣就不會感到希臘神話的彆扭和謬誤了。其實，在古老的中國，顯然也經過一段人與神共處的歲月，我們的先人從蠻荒進入早期文明，三皇五帝中的燧人氏、伏羲氏和神農氏正是一段人神互動、既可神生人、亦可人化神的一段時期，古典小說《封神榜》不正是人神互動的記述？所以中國人對天有無限敬意，敬天便是相信神祇的文化，這點中國與希臘很接近。

我曾研究對日抗戰時期的滇西戰役，並將此段抗日歷史以文字及演講的方式公諸於世。當年二十幾萬的中國遠征軍，在雲南西陲、緬甸、印度邊境上，與日軍作殊死苦鬥，在這些戰役裡，有近代的飛機、野戰砲、機關槍，以及有線和無線的電訊設備，甚至還有充滿毒氣和細菌的化學生物戰。所有的人都必須適應高山大澤和急流平原等不同的地理環境，去攻打堅固的城池，去進攻山崖上的碉堡工事，在叢林山徑裡進行野戰，

使用和古戰場上一樣的刀、矛、弓箭。當我寫到亞歷山大東征時，他經歷的戰役與滇西戰役何其相似！活靈活現的在我的腦海裡翻騰，令我握筆書寫時頗有感觸，彷彿身歷其境，也讓我對他的將才更有所體會。亞歷山大被後人稱為世界四大名將之一，實非過譽之詞。

寫書的人

成彥邦

　　中興大學化學系畢業，新墨西哥州立大學化工碩士，在石油工業界任工程師七年，後轉業行醫，是美國德州中醫學的先驅。在三十年的行醫生涯裡，將中醫針灸醫術推廣到美國主流社會，使針灸在德州合法。暇時勤於寫作，闢有「杏林夜譚」、「政治笑話」等專欄，出版中國首冊「政治笑話」，此外並在各報章雜誌發表散文、短篇小說、極短篇小說等。最引以為傲的是以風趣幽默的筆觸，創作「兒童極短篇」，期能啟發小讀者的想像力。

高中時讀的是文組班，學校規定，三年當兩年，將所有中外歷史讀完。高三那年，由一位通古博今的歷史老師為我們反覆溫習，準備對付大專聯考。這位老師學問淵博，口才極好，講課猶如說故事，對電影特別熟悉，每講到一段曾拍過電影的歷史，總要提一下：「有部某某某電影，你們看過吧！」這樣一來，瞌睡蟲被一掃而光，大家聚精會神聽他如數家珍的講起電影來。

記得當他講到古希臘史的亞歷山大時，問道：「『亞歷山大大帝』這部電影，有誰看過？」我趕緊舉手。老師問：「誰主演的，曉得嗎？」「你拿破凳。」我大聲回答。全班哄堂大笑。

沒想到時隔四十年，我竟然執筆為少年讀者寫亞歷山大的傳記。

從歷史的角度看，那時的馬其頓、乃至全希臘，政治和經濟均面臨危機。亞歷山大以強者姿態出線，領導一項石破天驚的東征壯舉，至少維持了希臘各城邦間十幾年的安定局面，為南歐日後的發展，打下關鍵性的基礎。

亞歷山大的武功，在當時無疑堪稱「武林第一」。而他反應

機敏、足智多謀、感情豐沛，以及雄辯滔滔的口才，使他成為一位睿智的領袖。每征服一國，便使出折衝尊俎之外交手腕，雖然有時手段極端，以傳統儒家「民為貴，君為輕」的觀點來看，不敢苟同，但也不得不佩服。

有機會寫這本書，心存感激。每當寫到忘我之境，彷彿歷史在我眼前重演，甚至有「飛越時空愛上他」的錯覺。

附帶說明一點，希臘人名、地名特長，如按音節一一譯出，四、五字以上，比比皆是，多至八、九個字，亦不足為奇。為求簡潔，均將之縮短為三字，最多不超過四字，並且盡量「中國化」，如「艾飛雄」、「柯納實」等。

寫書的人

陳紫薇

政大外交系畢業，曾任外交官多年，一向對西洋歷史、政治極感興趣。近年來辭去外交工作後，開始嘗試寫作，特別愛好將學習英語的心得，以深入淺出的方式及幽默的筆調寫出，與讀者分享。曾在電臺主持「薇笑說英語」節目，在報端闢有「讀報紙學英文」專欄。

愛探險的帝王

亞歷山大

目次

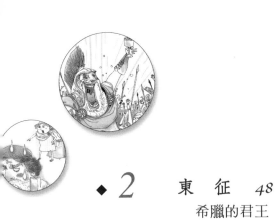

亞歷山大

前356～前323

1

宮廷裡的童年
及少年生活

師生佳話

　　大教育家至聖先師孔子，出生於西元前 551 年，他在三十歲時就已經是魯國有名望的學者，一生周遊過六個國家。他曾教過三千位以上的學生，許多弟子追隨他學習，直到他逝世為止，其中有七十二位非常傑出的學生。無獨有偶，一百六十多年後，希臘有位大學者叫亞里斯多德，他十七歲受教於雅典哲人柏拉圖，不論哲學、天文、植物、數學他都有興趣學習，學成以後他也廣收弟子，將自己滿肚子的學問，以及對人生的見解、豐富的學識心得，傳授給弟子，他像位科學家，運用事實來證明一些新觀念和新構想，結果他教出一位舉世

無雙的帝王——亞歷山大，由於他的啟發和指導，亞歷山大從一個偏促在落後的馬其頓山區裡的小城邦王子，一躍成為版圖橫跨歐、亞、非三洲的大帝國君主。而亞歷山大所到之處，希臘文明也隨之傳播、發揚。

亞里斯多德與亞歷山大的師生情誼始於亞歷山大十三歲那一年，他的父王腓力認為他跟隨啟蒙老師李歐達學習得差不多了，該學些較深的知識。當時雅典有一所著名的學院，有錢、有名望的貴族人家都將子弟送往那裡去深造。但是，雅典的政治情況很不安定，亞歷山大的父母不放心他單獨出門，因此腓力便從雅典聘請一位教席來馬其頓教育亞歷山大。這個決定，成就了歷史上極具意義的一件事。

本來，雅典學院的校長有意親自來擔任腓力的皇室教席，由

於某種原因，腓力不同意，反而選擇了當時尚不出名的亞里斯多德。亞里斯多德到馬其頓時，已經四十出頭，雙腿削瘦，眼睛細小，貌不出眾，他的老師柏拉圖剛於四年前去世，他因此成了柏拉圖的衣缽傳人。他能得到腓力的信賴，除了具有高深的學問之外，主要還是因為亞里斯多德的父親曾是馬其頓的宮廷御醫，父子二人共同為馬其頓效力，腓力比較放心，因此特地在梅宅建一棟精美的房舍送他。

這下子因緣際會，當時世界上最有智慧的人與來日雄才大略的領袖，便這樣相會在一起了，師生相互欽敬和仰慕對方。一個傾囊相授，一個則似海綿般的汲取新知，名師與高徒，擦撞出歷史上一場智慧與力量相結合的火花。

亞歷山大住在馬其頓偏遠而

寧靜的梅宅鄉間，接受了三年紮紮實實的教育，學習了法律、政治、藝術、哲學、天文、數學、生物等學問。這三年的學習，為亞歷山大奠定了建立偉大帝國的一切該有的學問。

一日，亞歷山大從老師亞里斯多德手中接過《伊利亞德》這本書。亞里斯多德說：「這是五百年前希臘大文豪荷馬所寫的史詩作品，記述希臘及特洛伊兩國間的十年戰爭，主角是英雄人物阿基里，他靠著神勇的本領，和許多天神的幫助，將特洛伊打敗。」

接著他開始解說這本深奧難懂的文學作品。亞歷山大目不轉睛、專心的聽著老師精彩生動的講述。

「我長大要做像阿基里一樣的英雄。」亞歷山大完全沉迷在故事中，隨口說出他的志向。

「你要在各方面充實自己。

阿基里不但作戰勇敢，也是聰明而有智慧的領袖，他所領導的軍人，都服從他的命令，願為他效命，勇往直前，任何犧牲，在所不惜。」

　　「老師，請你將所知道的，全部教給我，不要教別人！」亞歷山大好勝又有私心的說。

　　「那可不行，學問該傳給天下好學的人。」亞里斯多德好言開導。他可不是會輕易被個孩子擺布的人。

　　「這本老師註解的《伊利亞德》，我太喜歡了，可否請你送給我？我要永遠帶在身邊，隨時拿出來讀一讀。」亞歷山大的好口才，令亞里斯多德十分欣慰。

　　日後，亞里斯多德曾向別人說：「一個有智慧的人，一生中應談一場戀愛，應參與政治，而且應與一位國王共居一處。」這段話顯示出他對皇宮教席的美好生活

多麼珍惜而念念不忘。而亞歷山大對恩師的崇拜與敬意，也可以從他一生直到死時，枕下始終放著那本《伊利亞德》看得出來。歷史上師、生同時有輝煌勳業，且流芳百世的，還真不多見。

　　亞歷山大的探險精神和對武器、工程的興趣與設計，也來自亞里斯多德的激發。另外，因為家庭的醫學背景，亞里斯多德具有較多的醫學常識，亞歷山大也學得了這些醫學常識。後來，亞歷山大在遠征時，便利用這些知識照顧受傷的戰士，救活了無數人。師生二人也同樣熱愛自然科學、植物學、動物學。亞歷山大遠征時，經常蒐集一些花卉、植物和希臘見不到的奇禽異獸，就是受到老師的影響。

　　雖然他們相處的時間只有短短三年，但兩人之間一直保持書信來往。即使是日後，亞歷山大

離開希臘在遠征的途中，兩人的書信也不曾間斷。亞歷山大英年早逝，亞里斯多德還比他活得長久。可以說，亞歷山大終其一生都受到他恩師諄諄的教誨。

王子誕生前宮闈鬥爭

時光拉回到亞歷山大出生前一百年，也就是西元前四、五百年時，位於歐洲希臘北邊的馬其頓是個城邦小國，與希臘以連綿的山巒為界。馬其頓人說一種希臘的方言，崇拜希臘人信奉的神祇，他們深深相信，他們的國家是由天上的大帝宙斯的兒子馬其頓所創建的。他們的生活習慣與希臘人不同，帶北方腔的口音以及孤立的地形，產生出不一樣的文化，這種文化不但不為希臘所接受，反而被視為異端與落後，在在受到輕視與敵意；希臘人看不起這個小王國。

想不到這麼一個偏遠侷促、山巒縱橫的小王國出現了亞歷山大這位傑出的君王，他不但統治了全希臘，而且在短短的十年之間，建立了震驚全世界的功業。

亞歷山大未出生前，馬其頓國力薄弱，而且經常受到外族的侵略與欺凌，朝廷雖由國王主持朝政、統率軍隊，但王位的繼承卻總是紛紛擾擾，不得安寧。那時，統治城邦的國王，是由優秀武士所組成的委員會選出，這批優秀的武士包括王親、貴族和他們的好友。一般情形，王位多由長子繼承，如果長子年幼或無領導才能，自然為朝廷中權大勢大的人所操控，為了謀奪王位，有心人結幫擁派、勾心鬥角，使盡欺騙、搶奪、暗殺及種種陰謀。宮廷中的黑暗面，藏著平常百姓所不知道的祕密。

當馬其頓的國王佩迪卡在一

次戰役中陣亡後，他的大兒子阿敏達尚在襁褓之年。當時馬其頓的北方受到強鄰伊利安的侵擾，為了抵抗外侮，朝中急需一位強有力的領袖。佩迪卡的弟弟，即是亞歷山大的父親腓力，眼見那時馬其頓軍人紀律散漫，不作戰時縱情狩獵，沉溺酒色，他便嚴格的訓練出一支驍勇善戰、聽令於他的皇家禁衛軍，這支軍隊保衛著首都佩拉，將入侵的外族驅逐出境。腓力靠這支禁衛軍鞏固了他個人的勢力，後來就被選為攝政王。下一步他藉故將異母兄弟處死，對不具野心或不會對自己繼位造成威脅的皇親，腓力也將他們一一一放逐。

西元前 358 年的春天，腓力率禁衛軍出師北伐，渡過大河，平服東北的宿敵部落。夏天時，又擊敗伊利安這個惱人且經常入侵的敵國，接著，他又輕易南進

塞薩利，東討雅典人控制的安菲坡，全國方才底定。從此以後，鄰國再也不敢輕視馬其頓了。

公主變王后
——亞歷山大的母親

腓力領軍到處作戰那年，他二十七歲，遠征到一個偏遠的希臘小島，在那島上的山頂，正舉行著每年例行的盛大宗教儀式。從各地來的朝聖者都聚集在山頂膜拜，其中有一位伊匹魯國的公主，她的父親在她很小的時候死去，由繼任王位的叔父養大。一天晚上，她參加神殿裡點亮火把的儀式，腓力看到她幾乎是一見鍾情，不久兩人便相戀了。

西元前 357 年的秋天，腓力將這位伊匹魯的公主娶回，並為她取了一個馬其頓名字——奧倫匹。腓力希望她能為他生下男孩作為王位繼承人，因為他前二位

妻子均未生育子女便去世了。

不久，奧倫匹果然懷孕了，傳說她受孕時，曾感到有大火從她全身燒過，並且繼續燃燒整個大地，突然間，她好像被閃電擊中，便得孕了。也有傳說，腓力夢到一頭狀似獅子的猛獸，穿入奧倫匹的體內。腓力的長子，亞歷山大便於西元前 356 年 7 月 20 日出生了，當時腓力還在遠地作戰，剛降服了一個大城邦，正要班師凱旋回佩拉宮的途中，得到兒子出生的喜訊，全軍立即高聲歡呼，稱他為馬其頓的大王，他便順理成章、輕而易舉的奪取了年幼國王阿敏達的王位。

希臘是個充滿神話的國家，人民崇拜各式各樣的神祇。奧倫匹家庭的信仰與馬其頓人相像，他們有一種風俗，就是每家會選一位神當作祖先般祭祀及崇拜。奧倫匹家認定天上諸神中的希臘

英雄阿基里神祇為他們的祖先，阿基里正是《伊利亞德》史詩中的英雄。

奧倫匹嫁到馬其頓來，見馬其頓人民對神的信仰入迷，很容易就在佩拉宮裡找到精神寄託。她每天虔誠的崇拜這些神祇，後來亞歷山大受她影響，也和她一樣，無一日間斷的祭奉神明。母子兩人特別崇拜宙斯，在奧倫匹的家鄉曾發現宙斯的神諭。狂熱的宗教信仰使皇后的脾氣很情緒化，有時莫測高深，有時甚至有點暴力傾向。

她也熱衷追隨酒神狄奧蘇和狂歡神。希臘人認為葡萄藤是酒神的化身，那種冬枯夏榮，年復一年循環的枯榮，意味著酒神狄奧蘇永恆的生命，這種枯榮循環現象，正是人們為酒神節狂歡慶祝的根由。古希臘的悲劇作品和音樂舞蹈都在節慶裡呈現出來，

人們為了表達得更完美，經常借用酒神的威力，無形中酒神成了文學、藝術創作的動力。

希臘的婦女為了要強化生命力，特別崇拜酒神，常因興奮過度而接近發狂。奧倫匹經常領頭作主祭，要玩長蛇，這些蛇通常躲在婦女的衣裙邊，猛的伸出頭來嚇壞不少人。

奧倫匹對宗教的崇拜，有時甚至達到瘋狂的程度，使人受不了，因此引起不少人的反感。她對那些反對她的人，擺出惡婦的姿態，為了翦除異己，她可毫不手軟。那時候在馬其頓，使用毒藥、或把人活活燒死，種種無情的行為，在權力鬥爭時根本不算一回事。

後來，腓力和奧倫匹又生下一個女兒，名叫克麗歐佩。而腓力雖然已經結婚，還經常尋求男女情人，使奧倫匹產生怨恨，夫

妻間關係開始惡化，相互漠不關心，視同路人。奧倫匹深愛她的兒子，因遭受丈夫的冷落，有時竟認為眾神之王的宙斯，才配當她愛子的父親。私底下，亞歷山大似乎也深信自己「有神聖的來源」，這種神化的出身，啟導他做出超乎凡人的事功。

奧倫匹的性情雖有些古怪，但她全心全意的疼愛亞歷山大，並培養他成為王位繼承人。年輕的亞歷山大並非佩拉宮裡唯一的王子，因為腓力再娶，前前後後有七位妻子，一共生了好幾個兒子，這些同父異母的王子都是王位的競爭者。

亞歷山大自始至終都和他的母親非常親近，母親的教養影響了他一輩子。在亞歷山大發動軍事行動，赴非洲及亞洲遠征後，母子間仍維持著書信來往，他們的信中時常有熱切的關懷，也經

常有理性的爭論，正反映了他們母子早年在馬其頓時，一起度過的愉快日子。

亞歷山大遠征時，將馬其頓的內政交給副將安培德管理。奧倫匹和安培德常起爭執，聽在亞歷山大耳裡，有時他也不免埋怨母親，希望她不要管國家大事。可是，有一次，安培德實在受不了奧倫匹的多事，寫信向亞歷山大報告說奧倫匹干預國政，亞歷山大大聲咆哮：「我母親的一滴眼淚，可抹殺掉一萬封這樣無聊的信。」

善妒的奧倫匹怕失去兒子對她的孝心，建議兒子說：「我希望你用普通的方式獎賞你所喜歡和有功勞的部下，別把他們都捧為天神了……」

亞歷山大從不忘對母親的孝順，每每在戰場獲得戰利品後，便差人送給他的母親及妹妹克麗

歐佩，其中有漂亮的紫色絲帶、綾羅綢緞、餐具、酒杯等，很得她們的歡心。亞歷山大經年在外作戰，生死難卜，母親和妹妹都會輪流不斷的祈求眾神保佑他的平安。母子及兄妹間的感情可說相當的深厚。

淺水藏不住飛龍——馴馬

亞歷山大的宮廷生活多彩多姿，他常有機會見到希臘各地來的訪客，以及小亞細亞、埃及、波斯等地派來的使節。因為常和這些貴賓接觸，受他們的影響，使他舉止有禮，氣質高貴，也學了許多外國地理常識。

西元前 348 年腓力已完成馬其頓的統一大業，南方的塞薩利和東方的色雷斯都在他的統治之下。二年後，亞歷山大九歲，首次展露了他的才華。當時，腓力正在佩拉宮大擺筵席，接待從希

臘各地派來的使節們，他們的目的是與腓力商談如何達成和平共處，組織希臘聯盟，一致對付他們共同的敵人波斯。參加筵席的賓客都酒醉飯飽，腓力安排餘興節目，要亞歷山大來娛樂嘉賓。小王子不慌不忙的上場，顯露出他平時訓練有素，能禁得起大場面。他優雅的演奏了絃琴，純熟的像個職業演奏家，朗誦了詩歌篇章，並與另幾位大他許多的男孩進行辯論，滔滔不絕的雄辯才華，令這些高傲的使節當場喝采起來。其實，這本來就是腓力的用意，讓亞歷山大在眾人面前露一兩手，亞歷山大未辱父命，令腓力得意非凡。

西元前 345 年，一位腓力的朋友，花重金為他買了一匹昂貴的純種駿馬，牠全身及鬃毛均黑得發亮，昂首嘶鳴時神態不凡，名叫「步賽飛」，雖然已經十二

歲了，還沒有一個人能將牠駕馭變成坐騎。宮裡的馴馬師將步賽飛帶到腓力面前，牠暴躁而古怪的性格，全然不聽指令，腓力大為光火，決定放棄牠，派人將牠送走。當時還不到十二歲的亞歷山大，急忙大聲阻止：「你們會失去一匹駿馬的，難道就沒有人有法子馴服牠嗎？還是沒膽去馴服牠？」

腓力好奇的問兒子：「難道你比那些馴馬師更懂馴馬？」

亞歷山大不加思索的說：「對付這匹馬，我比他們強！」

「如果你馴服不了，等於說了大話，要付出代價的喔！」腓力警告他。

「買馬的錢由我來付！」亞歷山大毫不含糊、大膽的說。

圍觀的群眾哄堂大笑起來。

顧不得人們起鬨，亞歷山大逕自走向步賽飛，他已經注意到

這匹馬老是躲避牠自己的影子，他小心握住韁繩，慢慢的將馬頭轉向，使馬眼睛面對著太陽，這樣一來，馬便看不到牠自己的影子了。亞歷山大迅速將身上的斗篷往地上一甩，出其不意的縱身躍上馬背。起初腓力與他的禁衛軍屏息旁觀，只見亞歷山大逐漸將一路蹦跳狂奔而去的馬，慢慢控制住了，轉回來，又徐徐的騎著牠，高高興興的向腓力走來。所有旁觀的人都熱烈鼓起掌來。腓力大為高興，心中以兒子的作為引以為榮，還悄悄的拭去興奮的眼淚。

　　當亞歷山大縱身跳下馬背，腓力擁抱住他，並親吻著他的面頰，大膽的預言:「兒啊！你必須要找一個大到可容下你遠大志向的王國，馬其頓對你而言實在太小了！」

誰是萬獸之王?

在古希臘時代,獵獅算是貴族們最感興趣的一種休閒運動,有史以來,不論埃及或波斯這些古老國家的帝王,都將萬獸之王的獅子當作屬害的對手,打敗獅子的人,不但征服了萬獸之王,同時也有資格當千萬人的領袖。獵獅成功即表示已具有帝王的氣候,在亞歷山大小小的心坎裡正有這個想法。

有一次,亞歷山大帶著他的近衛去狩獵,同行的貴族中有一位斯巴達來的使節,在一般人的心目中,斯巴達的軍人被希臘各城邦公認為最強壯善戰的勇士。斯巴達的使節怕人不知道這光榮的一面,一路上喋喋不休的講給旁邊的人聽:「咱們斯巴達軍人作戰時,衝鋒號角聲還沒吹完,敵人就舉白旗投降了。」

　　亞歷山大聽在耳裡，心裡暗暗嘀咕：「哼！少吹牛，才不信你這一套，等找到機會一定要好好表現一下，絕不能讓馬其頓人在斯巴達人面前丟臉。」

　　那天的狩獵非常乏味，沒碰到值得一談的驚險場面，直到黃昏時候……

　　一隻兇猛的雄獅，在濃密的草叢中，正眈眈的望著亞歷山大一行人。突然，雄獅一聲怒吼躍出草叢，作勢要撲向牠的獵物，侍衛和使節們看清楚面前的獅子時，嚇得全都僵在原地，剎那間，只見亞歷山大手持長矛跳出行列，擋在雄獅面前，怒目睜睜的盯著牠，雄獅一聲咆哮，四隻腿使力的跳起來撲向亞歷山大。亞歷山大毫不退怯，將長矛對準雄獅頸下的喉嚨，全力刺了上去，獅子撲下的重量，加上亞歷山大使力，長矛已刺穿雄獅的喉

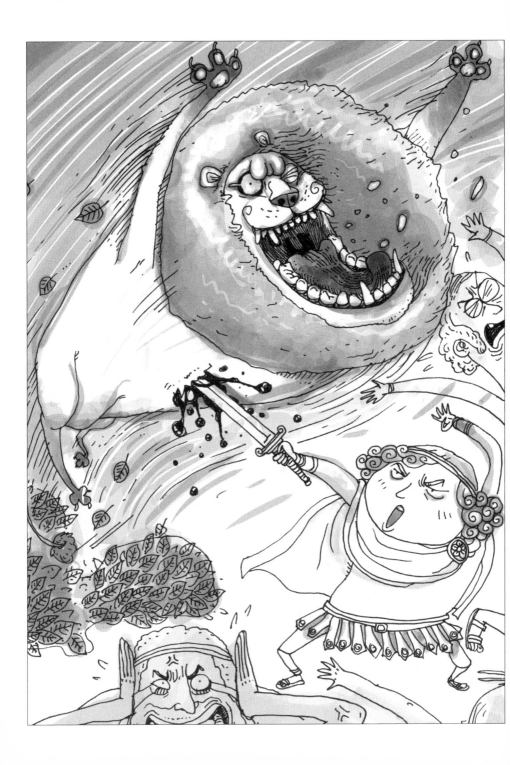

朧，雄獅落下的餘勢和利爪仍朝亞歷山大的頭頂罩下來。那些侍衛發出一聲驚呼，個個為亞歷山大捏一把冷汗。說時遲，那時快，亞歷山大一個俯身，矯健的滾出獅子的利吻和鐵爪，再一個翻身站了起來，拔出腰間的短劍，閃電般的刺向雄獅的心臟，就在迅雷不及掩耳的時間裡，亞歷山大已將雄獅扳倒在地上了。

等侍衛們終於明白是怎麼回事時，馬上響起一陣歡呼，大家將亞歷山大高高抬起，舉在空中慶賀。他們認定小主子亞歷山大的鎮靜強健、英勇矯捷，以及獵獅的技巧真是天下無雙。

剛剛發生這驚險的一幕時，斯巴達的使節還在暗中算計如何逃過雄獅的劫難，想不到被這小伙子三兩下就擺平了，斯巴達境內的武士沒有一個及得上亞歷山大。想到此，斯巴達的使節不由

得對亞歷山大打從心底的讚佩，
他說:「亞歷山大啊！你英勇的和
這頭猛獅搏鬥，幾下子就降服了
牠，你才算得上是山林中的大王
啊！」

這個使節回到斯巴達以後，
帶給斯巴達一個訊息，要是那個
一身是膽的小王子當了馬其頓的
國王，絕不可以正面跟馬其頓爭
鋒，只可不與他們合作，也就是
採「寧可迂迴，不能力取」的戰
略。後來，「希臘聯盟」組織成
功，唯有斯巴達不加入，但他們
始終也不敢和馬其頓作對。

為了紀念獵獅的壯舉，亞歷
山大的好友克瑞圖花錢僱用皇宮
的雕刻家，塑造了一座亞歷山大
力鬥猛獅的銅像。

嚴師出高徒

亞歷山大的童年，在華麗的
佩拉宮度過，佩拉宮處處都有精

美的壁畫、雕刻和環境優美的花園。從他出生到七歲前，完全由他的保姆藍妮絲照顧，藍妮絲是皇家禁衛軍騎兵隊隊長克雷特的妹妹。亞歷山大七歲時，該受教育了，便離開他的保姆。奧倫匹將他託付給她的親戚李歐達，擔任他的啟蒙老師。

李歐達是一位非常嚴厲的老師，除了給亞歷山大很多繁重的功課外，他經常突擊檢查內務，看有沒有奧倫匹偷偷提供給他的奢侈品。這種斯巴達式的訓練，令亞歷山大對這位啟蒙老師有點懷恨在心。

有一次，李歐達譏諷亞歷山大，說他去作宗教禮拜為什麼抹那麼多香料。亞歷山大一直記在心裡，直到十五年後，亞歷山大送他的啟蒙老師十六噸香料並附著一張紙條，寫道:「我送給您這些香料、香精，請您別再小氣兮兮

兮的捨不得用。祭祀偉大的神明時，應弄得香噴噴的。」

在早期的學習時光裡，亞歷山大便顯露出對藝術的愛好。他成年後對音樂家、演員、畫家及文學家均極尊敬，對他們的賞賜也特別大方。他早期曾接受李斯區的軍事訓練，李斯區常將自己扮作神話中的主角，而亞歷山大就會扮成阿基里，這反映亞歷山大對戲劇一生一世的熱愛。亞歷山大也喜歡讀名家的悲劇作品，而且能背誦一些劇本。有一次，亞歷山大一邊彈弦琴，一邊以清亮的童音唱和，不知為什麼腓力很不喜歡他尖著嗓子唱歌，批評他堂堂男子漢不應如此唱歌。從此以後，再也沒有人聽過他唱歌了。

亞歷山大的長相與眾不同，最特殊的是他的頭髮，一般希臘人的頭髮顏色是深褐或黑色，而

且十分捲曲濃密，亞歷山大的頭髮色澤較淡，非緊密的捲曲，而是彎曲成波浪形，很有飄逸感，說他俊美，絕不為過。他的兩眼炯炯有神，常凝望遠方，彷彿對未知的世界有無限的渴望，想盡情的探索。

在亞歷山大的學習過程中，文、史、數、理方面，皆由亞里斯多德傳授。而作為一個王位繼承人，武術的技能也不可缺少。亞歷山大年少時，即展露對運動的愛好。他使用短劍、長刀、長矛以及弓箭射擊的技巧，均高人一等。亞歷山大也擅長遠距離長跑，從未遇到對手，曾被邀請參加奧林匹克大賽，但他有點不屑的說：「除非有其他國王和我一起比，要不然，我不會參加。」他的馴馬術及騎術更是有口皆碑了，他馴服「步賽飛」，使牠成為一匹駿馬就是好例子。

　　從孩提時期起，亞歷山大就喜歡荷馬的史詩《伊利亞德》和《奧德賽》，並且從這些戰爭神話、英雄的故事中得到靈感。等他長大後，他常幻想自己是阿基里——一個希臘最著名的英雄。他從不隱瞞把阿基里當作他母親這邊的祖先，恨不得自己是阿基里的輪迴再世，只要情況允許，他絕不放棄機會表達對阿基里的尊崇。像是剛即位後沒多久，亞歷山大就趁著出征到小亞細亞之時，特地到阿基里的墳上祭拜。如果仔細將他們兩人比較一下，也確實有許許多多的地方相似，兩人的出身都有傳說是凡女與天神所生；兩人都有一輩子親密的好友，不幸好友都在他們之前死亡；兩人先後率領希臘軍打敗蠻軍；兩人都想長生不老，卻不幸都英年早逝。

初露鋒芒
——有其父必有其子

亞歷山大跟著亞里斯多德在梅宅學習的三年半中，腓力大王正忙著擴張馬其頓的版圖，這些軍事行動使希臘各城邦間的關係越來越惡劣，逼得雅典人連絡幾個小城邦如提伯斯和拜占庭組成一個「反馬其頓聯盟」，甚至接受希臘的宿仇——波斯——的獻金來對抗馬其頓。

腓力明知道拜占庭與雅典聯合，他仍向拜占庭提議合組聯盟來對付雅典，拜占庭斷然拒絕。這給了腓力一個藉口，動用軍艦去攻打拜占庭，腓力必須親自領軍作戰，他不得不將馬其頓的政務託付給他所能信任的人。西元前 340 年，十六歲的亞歷山大被他父親從梅宅召來，立刻被任命為馬其頓的攝政。此事正中了亞

歷山大的下懷，他盼望這個職位好久好久了。這樣一來，他毫無疑問的成了皇太子——腓力的繼承人。亞歷山大到底年輕，腓力仍有點不放心，交代親信安培德擔任太子的顧問。

腓力大王出征到拜占庭沒多久，馬其頓東北部的一些部落即逮住機會叛變，威脅那地區的補給路線。亞歷山大立刻出兵，保衛國土，要給叛徒一點教訓。早在兩年前，亞歷山大就已跟隨在國王身邊，當個侍衛，學到一些指揮統御的才能，以他看來，這次軍事行動算是牛刀小試。他首先向東北方用兵，輕易將敵人打敗，占領他們的城市，把當地居民全趕跑，讓希臘人遷住進去。這些城市成了馬其頓的外圍衛星城，亞歷山大將其改名為亞歷山大都會。日後他還建立了許多新城市，也均以他的名字命名，顯

出他好大喜功的一面。

　　腓力非常滿意亞歷山大的軍事表現，晉升他為將軍。從此父子二人並肩在戰場作戰，將馬其頓的勢力再度向北擴張。有次征戰，腓力受傷倒地，假裝死亡，年輕的亞歷山大，用他的盾掩護著父親，殺死幾個攻擊過來的敵人，救出腓力國王。

　　從亞歷山大與他父親的相處情況來看，常能讓人感受到他們父子間的深情。有時腓力遭人批評，亞歷山大便會為父王辯護，認為國王與眾不同，由天而降，係大帝的兒子，應該尊敬而不得批評。他不但仰慕父王，也學習父王帶兵、行政、治國的能力，想辦法改進、超越父王。在亞歷山大孩提時，他曾撒嬌說：「每次我想要做什麼，我爸爸就先下手了，搞得這個世界沒剩下什麼可做的了！」

腓力國王也以有個早熟的兒子為榮，兒子特有的波浪髮型，加上面目俊秀，體格壯偉，知識豐富，機智聰穎，更使他對兒子寵愛有加，有心選最好的老師教他，託他任攝政，提拔為將軍，全心全意的交子重任，巴不得他出人頭地，成材成龍。所以當人們稱亞歷山大為國王，戲稱他為將軍時，腓力不但不生氣，還沾沾自喜呢！不過父子之間，也有關係緊張的時候，腓力的一娶再娶引起亞歷山大的母親奧倫匹的不滿，這時候亞歷山大總站在母親那一邊，支持她，仿著母親的口氣向父親吐出怨言，甚至有時候不承認腓力是他的父親。

攻克雅典──組織希臘聯盟

西元前 339 年的夏天，腓力出其不意的進攻希臘中部，想要將反馬其頓的聯盟打垮。雅典人

準備抵抗，召募了一萬名強壯傭兵，腓力出奇兵發動一次夜間攻擊，乘其不備將傭兵打垮。

雅典的傭兵聯軍只得向南退守，但他們仍有二千名強壯的騎兵，與馬其頓不相上下；步兵方面，雅典聯軍則比腓力多出五千名士兵。西元前338年8月4日清晨，雙方展開一場希臘史上最重要的戰爭。

雙方一交手，馬其頓步兵即假裝後退，雅典軍被騙而攻向敵陣，亞歷山大所率領的一隊騎兵菁英，從側面切斷雅典聯軍間的陣線，瞬間，腓力的軍隊轉回頭來，用典型的馬其頓長矛陣攻打聯軍。亞歷山大的第二波騎兵，兇悍無比，將雅典騎兵團打得四處竄逃，騎兵輸陣後，其餘的聯軍便跟著一潰而散逃向各地了。

腓力得勝後，決定對雅典聯軍表示寬待，他提出一項寬容的

條件來示好，使雙方能夠和平化解歧見。因此，雅典的二千名戰俘，未付分文贖金即被送回去，還有一千名陣亡戰士的骨灰，也由亞歷山大親自送回雅典。腓力打算組織馬其頓的同盟，統一希臘，向波斯用兵。

9月初，腓力在雅典附近召開一項和平會議，南方的各個城邦，除了斯巴達外，全參加了。會中決議由馬其頓領導去遠征波斯，同時組成「希臘聯盟」，這個聯盟必須和馬其頓結為盟友，並選馬其頓王為希臘聯軍的最高統帥。換句話說，希臘各城邦聽命於馬其頓，馬其頓的國王完全統治了希臘城邦各國。

先安內後攘外

在西元前 359 年腓力繼承馬其頓王位時，他所接收的軍隊簡直是一支殘弱不堪又毫無紀律的

隊伍。這個新領導看出了毛病，將軍隊的陣容重新編排，並裝備起最好的武器，時常操練，做體能競技。幾個月下來，他的軍隊紀律和士氣有了明顯的進步。

腓力國王不斷的發動軍事行動，擴張版圖，為王國奠下雄厚的基礎。戰爭搜刮來的錢財全用在國防預算上，俘虜來的敵人被送到鄉下農村去耕田，這樣，馬其頓人就可全心全意上戰場而不必擔心農事。馬其頓很快就發展出一支強大而專業化的武力。

馬其頓不斷擴充軍力，步兵由一萬增加到二萬四千，配有最新式的武器，其中，最主要的一種武器，是由特長的山茱萸木桿做成的，尖頭上還加了鐵鑄的尖刀。這些步兵集合起來，排成一個「方陣」，每個方陣是由十六個「營」組成，每一營是二百五十六人，排成縱、橫各十六人。

這四千零九十六名步兵，持長矛和盾牌，形成無法滲透的銅牆鐵壁，向敵人節節逼近，口中喊著「阿拉拉拉！來了！」的口號，聲勢嚇人，威力無窮，揮舞著手中的長矛，準確的刺向敵人。在平地作戰時，馬其頓的「方陣」尤其所向無敵。

腓力在位的末期，將騎兵從六百名擴張到三千五百名，其中二千名頭戴圓盔著著輕便的盔甲，這些重騎兵配備標槍和短劍，輕騎兵則裝備有尖刀的標槍，常被派出去當偵察兵，偵察兵在古代作戰時是很重要的一支隊伍。軍隊裡也催用一批工程師，專門發展進攻城池的新機械，許多堅固的城池，便是憑藉工程師們的新發明而輕易得手。這些跟隨在父王身邊學習的日子，對日後亞歷山大東征，具有極大的意義。指揮一支龐大的軍隊，必須要有詳

盡的計畫和戰略，腓力的身教、
言教，使他的兒子很早便具備了
征服世界的本領。

父母間不和

　　腓力在各地東征、西討，征
服了希臘各城邦之後，回到了馬
其頓。第二年初他向波斯宣戰，
同一年他愛上了尤瑞黛，她是禁
衛親信阿特魯的姪女，沒多久腓
力便娶她為妻，希望她能再生幾
個王子。

　　阿特魯攀上了皇親，一家人
的地位也跟著水漲船高。亞歷山
大立刻感到王位繼承的威脅，憤
怒的鳴不平，口出怨言：「難道我
是一名私生子嗎？」要求父王腓力
給個滿意的答覆。奧倫匹也看不
慣腓力一娶再娶，父子之間、父
母之間都產生了極大的隔閡，亞
歷山大毅然帶領著一批親密的朋
友和母親，離開皇宮，直奔西南

邊界，回到母親的家鄉。

　　奧倫匹的哥哥當時是一個小城邦的國王，奧倫匹便客居在哥哥的宮中，亞歷山大則選擇前往北邊的伊利安。這個地區一向挑釁腓力的政權，亞歷山大的用意就是給父王一點忠告，要他別再一意孤行了，如果父子關係不改善，如果不善待他的母親，隨時會禍起蕭牆，更別談腓力要整軍出征波斯的大計了。

　　父子間的僵局，終於由一位家裡的世交做和事佬給打開了。腓力召亞歷山大和奧倫匹回到佩拉宮，並恢復他們的地位。

樂極生悲──婚禮上的慘案

　　先前奧倫匹落難家鄉時，腓力得罪了她的親人，而為了彌補這層誤會，腓力將亞歷山大的妹妹，以聯姻方式嫁給奧倫匹的族人。這時腓力的權力高漲達到頂

點，在女兒的婚禮上，他洋洋得意，命人抬著十二座奧林匹亞眾神雕像，緊接著是腓力自己的雕像，然後亞歷山大出場，最後腓力單獨一人大搖大擺的進場。就在這時，腓力的貼身侍衛長突然拿出一把短劍，猛的刺進腓力的肋骨，腓力當場殞命。

「啊！有刺客！」混亂中有人大喊。

「在哪兒？快，快追！」有三名侍衛去追捕刺客，城門口有數匹馬等著載刺客逃走，但刺客還沒跑到城門，就被追捕的侍衛們殺死了。

腓力被刺的消息，立即傳遍各地，南、北兩邊的鄰國，馬上爆發叛亂。這時，不管何人出任馬其頓新王，平定叛亂變成刻不容緩的事。當時年僅二十歲的亞歷山大已有國王的氣魄，有出眾的才能，贏得馬其頓精銳部隊領

袖們的尊敬和信任，自自然然的就被擁立為王。

亞歷山大就任為馬其頓王後的第一樁事，便是調查父王的謀殺案。腓力被謀殺的內情並不明朗，無可避免的引發各方議論，很多跡象把矛頭指向奧倫匹亞，因為腓力曾公然羞辱過她，而且腓力死後，她受惠最多，至少她的兒子成了王位繼承人。甚至有人懷疑亞歷山大也脫不了干係，但弒父罪在希臘是罪大惡極的，而如此密謀計畫的弒父行為，也與亞歷山大坦率的性格並不相符。

貼身侍衛長為什麼會犯下滔天大罪呢？朝廷中有人解釋為一時衝動，因為腓力剛起用一個年輕人替代了侍衛長，原來的侍衛長覺得不再受寵了，於是有此魯莽之舉。那麼，有好幾匹馬等著帶刺客逃亡，表示他一定另有同謀接應的人，除非能將侍衛長的

同謀——揪出來，否則亞歷山大的性命也會受到威脅。因此亞歷山大藉此機會，一舉翦除所有他懷疑的、那些不忠而有野心和不利自己的人，誅連許多無辜。像阿特魯和他的姪女，即腓力新娶的王妃，和她生下才幾天大的兒子，還有亞歷山大的堂兄，這些都是亞歷山大繼承王位的勁敵。對亞歷山大來說，為了鞏固自己的王位，並確保馬其頓局勢的安定，這樣做雖然過分了一點，卻也是不得已的。

　　腓力的葬禮由亞歷山大親自主持，極為隆重莊嚴。當時不但舉國哀悼，甚至頒定每年有固定的紀念日。而這些形式上的祭祀都還不算什麼，最重要的是日後亞歷山大能在征服波斯後祭告父魂，親口告慰在天上的亡父，他完成了父親的遺願。

2 東　征

希臘的君王

　　亞歷山大一料理完父王腓力的喪事，便著手整頓馬其頓。首先，他必須維持馬其頓的武力，於是他免除百姓的義務和農事，好讓他們專心作戰。其次，他將以前被父王放逐的朋友請回來，讓他們擔任新政府的重要職位，大家同心協力、勵精圖治，將國內安定下來。原來臣服的希臘城邦知道老國王走了，由一個沒有經驗的年輕國君當家，於是開始拒絕馬其頓的超級霸權，紛紛反叛作亂。他們不知道馬其頓這位新王，雖然年輕，卻比他的父親更英明果斷，更有軍事才幹和外交手腕。塞薩利剛露出叛亂的風聲，亞歷山大便以迅雷不及掩耳

的速度，揮師進軍，不費吹灰之力平服叛亂，塞薩利人嚇得馬上選舉亞歷山大作終身執政長官。

　　亞歷山大不聽左右勸阻，一鼓作氣繼續領軍南下，本來希臘南方各城邦一聽老國王死了，都興高采烈的慶祝，但是一旦亞歷山大的大軍逼近，他們卻驚恐萬狀，紛紛派使節前來求和，只剩下斯巴達、阿格斯和提伯斯仍不合作。但等兵臨城下時，他們的抵抗立刻瓦解，再也沒人反抗。不到兩個月，未流一滴血，亞歷山大便奠定了他在希臘各城邦間的統治地位。

　　為了更突顯他的地位，他在科林斯召開了希臘聯盟會議，會議結果，各城邦承認他是腓力的繼承人，並正式推舉他為「希臘聯軍的最高統帥」，率領他們發動對波斯的戰爭。只有斯巴達仍暗中勾結波斯，拒絕承認亞歷山

大的領袖地位，聲稱希臘軍的最
高統帥應由斯巴達人來擔任。

　　希臘南部各城邦大致底定，
亞歷山大便在西元前336年的冬
天待在馬其頓不斷練兵。到了第
二年春天，將馬其頓交給他最信
任的安培德管理，亞歷山大計劃
要將那老是威脅北方的最後一點
殘餘勢力解決掉。亞歷山大偵察
到色雷斯軍控制了高地，列出戰
車陣容，如果一旦開戰，戰車衝
下來時，傷亡可大了。他運用智
慧，下達命令說：「持重武器的步
兵在平原上散開，讓戰車通過，
在窄路上的步兵則趴在地上，互
相將盾牌交叉蓋住，以形成龜甲
狀，讓戰車從上面輾過，等戰車
一過，再站起來從後面攻敵人的
背後。」果不出所料，當敵人的戰
車衝過來，起不了任何作用，馬
其頓軍輕易破了敵人的戰車陣。

　　當亞歷山大抵達最北的國界

伊斯特河時，敵人已在河的北邊聚合了重兵防守。這一伙，亞歷山大運用奇招，先命部下在夜晚將帳篷拆下，然後塞滿乾草，當作渡船。士兵們乘著浮起的帳篷渡河偷襲，趁著天沒大亮敵人仍在睡夢中，便把敵軍迅速殲滅。西邊國界也有動亂的消息，原來又是腓力的宿敵伊利安的國王和另外一些城邦，聯盟起來想要造反。亞歷山大迅速回師向西，攻破敵人重兵把守的山頭碉堡，雖遭到敵軍夾擊，馬其頓軍仍能以少勝多，將敵軍殺得片甲不留，伊利安等國從此不敢再有反叛的企圖了。

　　亞歷山大在邊境東征西討的幾個月裡，希臘各城邦又醞釀著要反叛他。這時，波斯的新王大流士，資助雅典裡面反馬其頓的一批雄辯家，製造許多事端及謠言，他們說亞歷山大和他的軍隊

在北方作戰時全死光了，這個假消息像風一樣傳遍了希臘，各地馬上開始叛亂了。提伯斯人隨風起浪，決定加入雅典和波斯的陣營，不服馬其頓的統治。

　　亞歷山大得訊，別無選擇，立刻將他疲憊的軍隊以驚人的速度，在十三天之內從北方急行軍四百公里到達提伯斯。在勸降被拒絕後，立即封鎖通往雅典的道路，使用雲梯圍城進攻，提伯斯城內的守軍得不到雅典外援，禁不起亞歷山大軍隊的猛攻，城池很快就被攻破，六千名守軍全被殺害，二萬多名平民淪為奴隸，提伯斯城被夷為平地。

　　這明顯說明了亞歷山大絕不容忍任何人違背他的意旨。提伯斯的城毀人亡發揮了殺雞儆猴的作用，使雅典再度陷入恐慌與震撼，深怕他們的家園也會遭殃。令雅典人相當意外的，他們竟逃

過了一劫。亞歷山大自知他已經是希臘之主了，犯不著毀滅雅典城，這是希臘最重要的民主發源地，他不願當雅典的暴君。雅典平定了，可以說穩定了全希臘。亞歷山大又再度回到馬其頓，為遠征波斯做最後準備。

亞歷山大在二十歲便繼承王位，他身邊有許多為他效命的重要人物，最重要的軍事顧問包括一些跟隨過他父親的老臣，他對帕曼歐說：「帕曼歐叔叔，您曾與我父親並肩作戰，我仍封您為將軍。」

「我老了，怕不中用了。」帕曼歐想婉拒。

「不要客氣，您有能力，有經驗，一點也不老，我需要您的支持，才能得到其他元老、貴族們的贊同，同時，我也想請您的幾個兒子擔任重要的職位。」

他特別器重安培德，安培德

是他的老同學，他有事要離開馬
其頓時，總將治理權託付給安培
德。其他還有：外號獨眼龍的大
將軍，以及騎兵統帥克雷特。

但亞歷山大最信任的人還是
他的好朋友，艾飛雄和克瑞圖。
後來帕曼歐將軍死後，克瑞圖變
成了第二統帥。另外他提拔哈伯
樂做皇宮財務大臣；尼亞卡當禁
衛軍統帥及海軍元帥，還有哲學
家高力行擔任王室的編史家。他
和艾飛雄從小形影不離，關係相
當密切，他常說：「艾飛雄！我是
阿基里，你是派卓克，我倆永遠
做好朋友、好兄弟。」＊

波斯帝國的崛起

波斯在希臘人眼中被視為野

＊阿基里是希臘神話裡的英雄，英俊威武。傳說
他全身刀槍不入，唯有足踝是他的弱點。他與派卓克是好朋友，當
派卓克作戰手臂受傷時，阿基里會親自為他包紮傷口。

蠻民族，其實波斯是個高度開化的民族，她的人民知識程度高而且非常聰明，西元前5、6世紀即已建立龐大的帝國，東起阿富汗、西至希臘、北界西狄、南鄰努比亞，版圖十分遼闊。波斯帝國的政治中心波斯波里，建築得金碧輝煌，波斯大王坐在他華麗的宮殿裡，統治數百萬人民，為當時世上最富有的帝王。

波斯王朝為居流士大帝在西元前548年建立的，他在位整整十九年之久。繼任者大流士一世開始入侵希臘，卻於西元前490年敗於希臘馬拉松戰役，以後，在你來我往的爭戰中，雙方互有勝負。有一次，波斯在一場海戰中失敗了，只好將西邊大片領土割讓給希臘，疆界後退到地中海東邊。亞歷山大的父親腓力崛起馬其頓時，就是在這片土地上。這時，波斯反而暗中資助希臘反

抗馬其頓，就是為了要一奪回原有的領土。

　　這期間波斯帝國的國王，接連不斷遭大臣巴構士暗殺，更換了兩次繼承人後，弄得王室的直系子嗣都斷絕了，結果一個貴族被擁為國王，戴上權冠，成了大流士三世。這位國王已五十歲，是個懦弱無能、對軍事毫無辦法的人。他雖膽小如鼠，卻過分自信，判斷力奇差，對抵禦亞歷山大的侵犯，束手無策。但大流士算得上是個高明的政客，他上臺後第一件事，便是將惡臣巴構士處死。

　　波斯帝國的版圖遼闊，地方政府很有效率，她過去擴張時，將一個一個的小國吞併，卻仍保留原來的行政制度，只不過將為首的，不論是國王、法老，還是酋長，換成由波斯大王所指派的總督，原來的權力結構，以及官

體制都維持原狀，易於波斯對當地的統治，派任的總督只管收取稅金及搜羅各地來的進貢品。

亞歷山大對波斯這一套管理方法甚為佩服，因為，每一個地方都有各色人種混居，本來就不好管理，但是波斯用一個權力中心，便能牢牢的控制。後來他當波斯大王後，毫不猶疑的採用了「波斯方式」來管理，這套方法比「希臘式」更有效而且可靠。

登陸小亞細亞
——格藍尼河戰役

西元前 334 年亞歷山大發動攻打波斯的戰役了，他率領希臘聯軍的四萬名步兵，六千名騎兵向東進軍，費了二十天渡過赫勒斯滂海峽，登陸小亞細亞。從此以後，亞歷山大走上了東征的不歸路，再也沒回過歐洲了。一踏上小亞細亞的土地，他將長矛插

在地上向天默語:「這塊土地是我的了!」

第一樁事,亞歷山大領著一小隊人馬到特洛伊,向眷顧此城的女神雅典娜拜祭。亞歷山大由他親密的朋友艾飛雄陪同,祭拜了他自認是自己祖先的希臘英雄阿基里的墳墓,他還特意安排在墳上獻花,他一向將自己比作阿基里,把古希臘神話中各英雄事蹟,和他自己的光輝事蹟相提並論。艾飛雄也在阿基里的好朋友派卓克的墳上獻花。

這年的 5 月,亞歷山大的隊伍和希臘聯軍的主力會合。他下令大軍向東邊格藍尼河前進,他探知波斯大軍由貴族將領統率,等候在河的對岸。經驗老到的帕曼歐認為不應在這樣一個困難的地點發動攻擊,亞歷山大不服的說:「我要是被這麼一條小小的河困住,那才丟臉死了。」

　　才說完便率先騎著他的愛駒「步賽飛」跳進河去，堅持要進攻，身後跟著精銳騎兵隊。其他的步兵則繞到河的下游，隨後渡河。

　　帕曼歐將軍奉命將他的軍隊部署在左翼，而他的兒子費羅泰則在最右邊，亞歷山大穿著光輝奪目的盔甲，頭上戴著插有兩支白翎毛的頭盔，領頭立馬在中間「方陣」大軍的最前線，左、右來回奔跑，卻常常停在左翼，誘使波斯兵以為左翼是主力。對岸有二萬名波斯騎兵等著他們，儘管波斯的騎兵數目遠超過馬其頓軍，但他們的布陣錯誤百出，他們誤以為只要對付左邊的亞歷山大就行了，於是把主力集中在那邊，卻暴露出中央軍力的空虛。

　　亞歷山大的大軍起初靜若處子，突然軍號齊鳴、喊聲大作，全力衝殺。首先由偵騎隊將波斯

軍右翼的大軍箝制住，接著亞歷山大所率領的精銳騎兵，從右邊攻打敵人的中央稍偏左的軍隊，初時戰事膠著，沒多久過了河岸的步兵援軍又從左邊趕到，只一會兒，馬其頓兵便將波斯兵團團圍住了。這一仗，亞歷山大贏在他們嚴格遵守出兵前的計畫。馬其頓兵損失得非常少，而波斯則死傷了幾乎二萬五千人，若不是亞歷山大命令不可追殺逃兵，敵人死傷數字還不止這個數目。戰役完畢，亞歷山大送二千名波斯俘虜回馬其頓充當奴隸，送三百套波斯盔甲到雅典，祭奉雅典娜女神，並附獻詞:「獻上從亞洲外國人手中俘獲的戰利品。腓力之子、全希臘除斯巴達外的國王亞歷山大敬獻。」

馬其頓在格藍尼河打勝仗的消息很快傳開來，一路上各小城市望風投降，有些地方甚至將亞

歷山大當王師般歡迎。從此他們脫離波斯的統治，行民主制度，免除向朝廷進貢，沿用原來的法律。這些城市於是成為遠征軍的補給站，只三個月的時間，小亞細亞沿海一帶全被馬其頓軍占領了。停在海灣外的波斯船艦，一點也沒發揮作用。

　　為節省開銷，亞歷山大決定解散他自己的小型艦隊，只保留二十艘雅典船作運輸武器用。到那年秋天，希臘軍占領了波斯在小亞細亞最後的一個海軍基地，亞歷山大馬上任命這個海軍基地以前的女王阿達為總督，亞歷山大用人不論男女，只看才能。他和阿達的關係良好，阿達收亞歷山大為養子，此後，他便一直以「母親」稱呼她。

　　這年冬天，亞歷山大讓所有結了婚的士兵，回馬其頓與家人團圓，到第二年的春天再歸隊。

自從占領沿海的海軍基地後，原先占優勢的波斯海軍一蹶不振，再也不敢來騷擾了。第二年的春天，那些返鄉的軍人不但全回來了，還多召募了三千五百名士兵加入行列，可見亞歷山大深得馬其頓人心。他高興極了，繼續向高町開拔。

智解「高町結」

一百多年前希臘傳說，在小亞細亞高町山上的神殿裡，有一輛牛車被當地的國王當作祭品，供奉給殿裡的宙斯神，國王打了一個糾纏複雜的繩結，拴牢這部牛車。宙斯沒得到牛車，大為生氣，處罰該地經常鬧旱災。有預言家說，誰能解開這複雜的高町繩結，誰就是亞洲的統治者。

一百多年來，許許多多的人爬上神殿，試圖解開繩結，結果連繩結的頭和尾都找不到，他們

毫無頭緒，更別說去解開它了，白白浪費工夫，紛紛失望的下山了。西元前333年，二十三歲的亞歷山大來到高町。自他出師以來運氣很好，從沒打過敗仗，他想證明給他的軍隊和敵人看，他這次東征一定可行，也會成功。性急的亞歷山大當然聽說有繩結這回事，心中躍躍欲試，想開開眼界碰碰這個奇妙的結。他爬上神殿，身後跟著一群好奇、看熱鬧的馬其頓人和當地人，他們倒想看看亞歷山大焦頭爛額解不開繩結的窘態。

　　亞歷山大將繩結看清楚了，明白這是一團亂麻，實在不知該如何下手，又怕在眾目睽睽下丟臉，急得滿頭大汗，正在進退為難的時候，突然福至心靈，他退後一步大聲說：「別管我用什麼方法，只要我能解開就得了！」

　　猛的，他抽出佩劍，全力揮

砍下去，就此一刀，繩結應聲而解。

這天夜裡，上天有靈，狂風暴雨、雷電交加，在這久旱的地方，人們異常興奮且深深相信，宙斯一定極為高興，高町結終於由一位智者解開了，人民不必再受苦了。

首敗大流士

大軍會合後，亞歷山大下令從高町大舉南下，穿越連綿不絕的山脈，抵達山下寬廣富庶的平原。不久，他發高燒生了一場大病，醫生擔心他的病情，他卻不顧一切的發動一次快速的軍事行動，制服了原來占領山腳下的地方軍。在東行的途中，他得知大流士從京城率軍西去，紮營在敘利亞關口。這關口離亞歷山大的軍區只有兩天的路程，亞歷山大終於要和這位波斯大王在戰場上

兵刃相見了。

　　大流士從巴比倫親領了六十萬大軍，換言之，波斯兵力比希臘多了十倍，而且波斯軍隊占地利的優勢，那一望無際的敘利亞平原，正好給大部隊會戰。亞歷山大軍趕了兩天的路到了伊蘇海灣，可惜來晚了，大流士已命令他的軍隊向北走，因此兩軍一在山南，一在山北剛好錯過。

　　途中，波斯軍還行經一個希臘軍的野戰醫院，殘酷的殺害了所有受傷的士兵，一小部分軍醫逃了出來，向亞歷山大報告，他極為震怒，立即調轉大軍朝大流士所在地進軍。

　　第二天清晨，亞歷山大的軍隊到達一個山脈和海岸之間叫做伊蘇的狹窄小平原，與波斯大軍狹路相逢了，這樣一來，數量上占優勢的波斯軍施展不開，毫無優勢可言了。

當兩軍接近時，朝陽照著亞歷山大騎著駿馬、在陣前來回飛馳的身影，他口中高聲喊著：「我們要做個堂堂正正的男子漢，為馬其頓及希臘同胞報仇。普羅卡大隊長，你要率領騎兵巡邏隊快速向前；安提歐中隊長和阿塔拉中隊長，你們要率領弓箭手攻占前面那些小山；至於西塔斯大隊長，你一向英勇無比，身為你的大王，我特別器重你；潘托達小隊長，上次作戰你立了大功，這一次更要看你的啦！」

亞歷山大在緊要關頭，總是能準確的喊出指揮官或任何有功績的人的姓名，這種超人的領導才幹，無形中鼓舞了士氣。

說完，亞歷山大騎著「步賽飛」，領頭衝進敵陣，去追趕躲在傭兵後面指揮的大流士。大流士站在他的戰車上，四周由他的精英侍衛保護著。看到神勇的亞

歷山大越追越近了，大流士心驚膽戰怕得要命，只顧著自己落荒逃跑，波斯大軍頓時群龍無首，亂成一團。希臘軍終告大捷，這時是西元前 333 年 11 月。

亞歷山大雖在混戰中受了刀傷，戰事結束後，他仍然振作起來探望受傷的士兵，和他們互相比較傷勢，口沫橫飛的描述廝殺的狀況。對死亡的戰士，立即安葬。他接收了大流士行軍時搭建的行宮，這行宮不但有值錢的財寶，還有波斯大王的女眷們，大流士自己逃得無影無蹤，就連王后、家人都來不及撤退。

亞歷山大在行宮休息時，聽到另一個房中有女子哭聲，便偕艾飛雄一同去看個究竟。大流士的母親見艾飛雄高大且英俊，以為便是亞歷山大，下跪行禮，旁邊的人連忙糾正，她嚇得要死，亞歷山大將她扶起，一點也不生

氣，並指著艾飛雄說：「他也是亞歷山大，因為『亞歷山大』是人類的保護者。我們到亞洲來是為了保護全人類，絕不會加害妳們的。」

海陸大戰提爾島

伊蘇戰後，亞歷山大並沒有向東追殺大流士，而是率領他的軍隊沿著海岸向南行。到了腓尼基，腓尼基人大開城門歡迎馬其頓軍。在遠處的提爾城邦，也派使者來接洽，表示願遵守亞歷山大的命令。亞歷山大想試探一下提爾人的忠誠度，提出要在提爾城主持祭祀赫克力士神的典禮，沒想到，提爾人立刻反對，認為只有提爾王才有此特權，怎能讓外人來主持。亞歷山大早料到提爾人會反對，他們自恃孤島遠離陸地，易守難攻；既然談不攏，為了使他們心悅誠服，亞歷山大

不惜一戰，發動圍城，他要表現他能克服天險的軍事天分。

　　提爾是位於海岸外約七百三十公尺的小島國，島上的防禦城牆高達四十五公尺，簡直堅不可摧。馬其頓缺乏強大的海軍，唯一可跨海進攻的方法是築一條七百三十公尺的跨海大道，是項不但費時，而且費力的大工程。亞歷山大在仔細觀察地形後，仍決定選擇築路。他找到築海堤的材料，可以就地取材，將老提爾城的城牆拆下做基石，附近山坡上的樹林剛好砍來當建材。西元前332 年1月，工兵指揮官及工程師狄德士監督建築跨海大道，許多當地農民也加入工程行列，起初工作很順利，但到了深水處，提爾海軍不斷攻擊打擾，亞歷山大一面反擊，一面不休不止的築路。

　　恰巧此時波斯有一批一百二

十艘的海軍艦隊，反叛了波斯，投靠亞歷山大。亞歷山大調集了由各地趕來的一百艘船艦，二股力量合一，使得亞歷山大的海軍規模超越了提爾海軍。

提爾人一見苗頭不對，慌慌張張的封鎖島上各港口，馬其頓軍以海軍為主軸，分頭多線攻打提爾城。提爾人不甘示弱，誓死固守城池，馬其頓人不得不使用新式巨型的彈弓，以大石頭彈擊提爾城牆，未曾停止的攻擊卻仍然發揮不了作用。提爾人使出最屬害的一招，將火紅滾燙的沙石從城頭上澆下來，把一波一波爬上城牆的馬其頓士兵燙得拼命往海裡跳。亞歷山大眼見很多子弟兵被燙傷甚至喪命，心裡非常難過，認為必須採取其他的進攻方式。到了 7 月初，他親領一支經驗豐富的隊伍，衝過城牆破洞，進入提爾城，下令希臘海軍艦隊

由外夾擊，提爾人眼見非輸不可了，趕緊從牆頭逃走。

在攻打提爾之前，亞歷山大曾派使節到提爾招降，提爾人違背不斬來使的外交慣例，把使者殺害，令亞歷山大十分生氣。亞歷山大要他們知道，與馬其頓交好，會受到優待；反之，則要付出重大的代價。這次陸、海夾擊提爾，將波斯駐提爾的海軍打得落花流水。

大流士眼見他的海軍幾乎全軍覆沒，再度派遣使臣向亞歷山大求和。大流士在他的家眷被俘之初，曾出面求和，提出願與馬其頓結為盟友，作為交換皇室家眷的條件，但被亞歷山大斷然拒絕。這一次的和平條件，大流士願割讓幼發拉底河以西的小亞細亞地帶，並且讓自己的女兒與亞歷山大聯姻，另贈送一萬特朗 ✱的黃金，交換波斯王室人員的安

全。亞歷山大覺得非常可笑，拒絕了談和，他心裡有數，他已經占領了小亞細亞，也已經擁有所有的財富，更早與大流士的女兒相好，不管大流士同意不同意，他可以隨時和她結婚。

埃及法老之尊

亞歷山大已控制了整個小亞細亞，他可以放手繼續向東進攻波斯，他知道，經過伊蘇這場大戰後，大流士起碼需要一年才能重整旗鼓，在此當口，他卻轉換了跑道，選擇向南先到埃及，令人費解。日後證明，亞歷山大有長遠的計畫，在埃及停留的六個月，對他極為重要。東征不急在一時，為了戰略及商業目的，他

＊**特朗** 希臘古時候的錢幣，分為黃金特朗及銀特朗兩種，其價值有不同的算法，一般認為當時的一特朗黃金約等於現在的三十三公斤黃金。

必須先建立一條堅強的海岸線，他留在埃及的期間，建立了亞歷山大海港，這座城為全世界留下了光輝的遺產。埃及之旅在他個人的生命裡、心靈上，是重要的轉捩點。

亞歷山大到達有名的古都孟斐斯，這裡是富庶的尼羅河三角洲的頂端，他領著步兵走陸路，途中拜訪各地著名的古老宗教聖地，年僅二十四歲的亞歷山大，被那一座座白色高大的寺院眩惑了。從小，母親就告訴他，埃及的神、宗教祭典和僧侶是非常有權威的，現在目睹莊嚴偉大的白色神殿，加上滿腦子對宗教的崇敬，給他留下深刻印象。再看到巍然巨大的金字塔，亞歷山大沉醉在宗教、建築的文明裡，孟斐斯之旅，他不但受到真誠而盛大的歡迎，心靈上的舒適，更非筆墨所能形容。

　　先前，埃及被波斯占領了二百多年，波斯王在每個地方設總督，剝削埃及的財富並且徵歛重稅，加上波斯人並不尊重埃及人的傳統和宗教，使得埃及人心中不服，時常反抗。亞歷山大來到埃及後，被上上下下的埃及人視為拯救主，認為他解救了埃及的統治階級和老百姓。埃及人因為感恩，替他在身上抹上香油，尊他為神聖的法老，以雙皇冠加冕他，這種前所未有的榮耀，令亞歷山大身心舒暢。

　　在孟斐斯的紀念場，亞歷山大主持埃及式祭典，然後舉行希臘式多元化的盛會，各地方、各種族的人都可參加，這就是希臘城邦主義的開端，基本上維持希臘式的生活方式，卻融合了埃及當地的傳統。從此以後，希臘和埃及和平相處了三百年，光這一點，就比急不可待的追殺大流士

有意義得多。

　　亞歷山大在孟斐斯的皇宮裡待了兩個多月，他深深記得他的恩師亞里斯多德曾以柏拉圖的話告誡他：「在埃及，任何國王如果得不到祭司們的支持，是無法治理國家的。」

　　因此他遵行法老該做的分內事，修蓋不少神殿，交給僧侶和祭司來主持。其中有一座廟宇，牆上的石刻有亞歷山大穿戴著法老的傳統頭飾，手持象徵王室的權杖，陪伴在至高無上的天神阿蒙的身邊，阿蒙是諸神之王，最被埃及人尊敬，隨後，他們也開始在亞歷山大的頭上，飾著和阿蒙同樣的羊角。很快的，在埃及到處都可以見到亞歷山大的雕像或畫像，還以象形文字在一旁註寫：「阿蒙所愛及祂所選擇的偉大統治者。」

　　亞歷山大花了很多的時間學

習埃及人的法律、風俗習慣及哲學，他的親密朋友也跟著他一起學習。其中，托勒密更因為在埃及的學習和經驗，使他以後成為埃及的法老。

亞歷山大乘船離開孟斐斯，順尼羅河的支流向西行駛，發現一個地理位置良好、地形險要的地方，此處北臨地中海，東有大湖，外緣有個小島作屏障，具備天然良港的條件，亞歷山大選中它，把它建設為亞歷山大港，成為埃及出入地中海的門戶。他的眼光的確敏銳，日後證明建港確實是一項不朽的功業。

埃及地位最高的大長老，在為亞歷山大加冕為「法老」的大典上，尊稱他為諸神之子。亞歷山大一向篤信宗教，他對外國的神，也同樣尊敬和崇拜。他曾經私下比較過希臘的上帝「宙斯」和埃及的上帝「阿蒙」，二神之

間不相上下。他的母親曾一再告訴他，他是宙斯和母親受孕所生下的，也就是說他是宙斯——希臘上帝——的兒子，令他深信不疑，現在埃及人尊稱他為阿蒙之子，不更證實了他確是上帝的兒子？而且不僅是一神之子，而是「多神之子」。因此他對「阿蒙之子」這個稱號非常得意。

神殿問卜

亞歷山大將大軍留在埃及，自己則帶著一些好友、少數禁衛軍、親信人員以及當地的嚮導繼續向西出發，沿著利比亞的海岸向西行了三百二十公里，進入撒哈拉沙漠。他要到沙漠中的綠洲西瓦城，因為那兒有座聞名的阿蒙神殿，他的目的無非是去求神問卜。

在沙漠中行走了好幾天，水喝光了，眼看著進入絕境，卻突

然下起一場大雨來，誠然是天降甘霖，解除一行人死亡的威脅。有天突然颳起一陣大風暴，沙石漫天，將途中的標幟全部掩蓋，沒人認得出路，連嚮導都摸不清楚了。大夥正在徬徨時，天空出現兩隻烏鴉，神祕的在隊伍上方飛翔，亞歷山大堅信這兩隻烏鴉是上帝派來帶路的。說來也真奇怪，當隊伍走得慢，趕不上這兩隻烏鴉時，烏鴉還故意飛得慢一些；如果隊伍方向偏差了，牠們會「嘎！嘎！」的叫一陣，把隊伍引回到正確的方向。總之，亞歷山大似乎被某種神祕的力量庇護著，好運永遠會落在他這一邊，所以他每次下定決心，便堅定不移。這也就是為什麼他不但能打敗敵人，就連天時、地理上的困難也都能一一化險為夷的原因。

當這支疲倦的隊伍抵達西瓦時，他們被這片美麗、富庶的綠

洲迷惑得目不轉睛，放眼看去一片綠油油的棕櫚樹、果樹和豐盛的牧草，地下泉湧出源源不絕的清水。

亞歷山大立即造訪了阿蒙神殿，急著去求神諭。主持祭司出來歡迎他，冒出一句：「啊，上帝的兒子！」

這句話正好觸動亞歷山大的心，他大為驚喜，一同前來的夥伴問神諭，大王可否有個神聖的尊稱，祭司回答：「阿蒙很高興你們這樣做……」

然後，亞歷山大被待以法老之尊，進入一間飄著淡香又昏暗的內廳，他可以將心中的疑難，親自向上帝阿蒙請教。

亞歷山大在裡面待了一天一夜，到第二天才出來，他心滿意足的得到了答案。他問自己是否有神聖的出身？神諭要他回到馬其頓，問他的母親。從此以後，

他凡有疑難，總會向西瓦神殿求答案，甚至他的好友艾飛雄去世了，他曾要求封為神來崇拜，可惜，從西瓦來的使者說阿蒙神諭不可，僅可追封為神聖的英雄。

亞歷山大認為埃及是個強大的國家，比他原先想像的要好，因此治理埃及必須要組織聯合政府，亞里斯多德向他建議：「政府各部門的權力必須平衡。」

因此，他選了馬其頓人做總督，另外配個埃及人和波斯原駐埃及的總督，一起按傳統方法來治理埃及。

亞歷山大離開埃及時，軍隊已得到充分的補給和休息，一切順順利利，那時他彷彿變了一個人似的，充滿自信和競爭力。他後來再也沒能活著回到亞歷山大港，不過這個城市成為他最後安息之所。

亞歷山大港

亞歷山大一生建立了七十個新城市。由於他實行「以文明來征服世界」的政策，他選擇建城的地點後，親自挑選出色的建築師、城市規劃人員，及技術顧問，和他們共同設計，依據希臘式線條建築。這些新城市實行希臘城邦制度，在亞歷山大死後仍施行了數百年。

許多城市以亞歷山大之名命名，也有些是紀念他去世的好朋友，甚至有一城是以他的馬步賽飛命名，更有些是以戰役命名。建城的目的是為了繁榮商業，使各城市能成為互通有無的交易場所。至於位於尼羅河三角洲的亞歷山大港，是他親選的地點，領頭設計，何處蓋市場，何處設神殿，何處設防禦工事，甚至何處建皇宮，都有規劃，並精心設計

了一勞永逸的地下水道系統。這個城不但是防禦要地和供輸站，而且從文化的意義來看，是馬其頓人和當地人民族群融合最成功的證明。

3 奉亞歷山大為「大帝」

高戈米拉會戰

自伊蘇大捷後兩年，亞歷山大忍著不去攻打大流士，他有意給大流士時間，讓他重新整合軍隊，然後再將他一舉消滅。這個機會終於讓他等到了。

西元前 331 年酷熱的夏天，亞歷山大獲悉波斯軍聚集在高戈米拉附近，於是亞歷山大將大軍駐紮在十一公里開外。在一次晨間訓話時，他激昂的對著士兵們說：「敵人比我們多出好幾倍，他們的軍隊既無紀律、又無鬥志，全是烏合之眾，多有什麼用！我以一當十，他們一碰就垮。這場戰爭，是我們征服亞洲決定性的一戰！」

高戈米拉戰場上有大流士的

十萬步兵及四萬騎兵，還有在車輪上配鐮刀的戰車及印度象陣。亞歷山大僅有四萬步兵及七千騎兵，兵力懸殊，他將方陣步兵布在中間面對大流士的主力，下令帕曼歐率領騎兵從左翼進攻，他自己則帶少數精銳的禁衛隊在右邊，對抗大流士堂弟貝索斯。

　　當帕曼歐左翼發動攻勢時，波斯的大軍便向右邊移動抵禦帕曼歐，中央便出現空隙。雖然亞歷山大的步兵幾乎被數倍波斯軍包圍，但他及時領著英勇精銳的禁衛騎兵，突破空隙，一馬當先的衝殺過去。一個衝鋒，馬上有六十名禁衛軍犧牲。波斯大王的皇家侍衛隊，號稱鐵衛軍，他們保護大王，寧死不屈。亞歷山大的長矛朝大流士迎面刺來，偏了一點，刺中駕馬車的戰士，大流士嚇軟了腿，故技重施，只顧得擇路而逃。波斯兵見他們的大王

匆忙逃命，均無心戰鬥，紛紛撤退。亞歷山大馬不停蹄的向東南方急起直追，想追上大流士，但大流士由貝索斯保護，逃入附近山區去了。

這場戰役結束，亞歷山大不但是馬其頓帝王，也是希臘的霸主、小亞細亞的君主，又是埃及的法老，身兼歐洲、非洲和亞洲的統治者，被尊稱為「亞歷山大大帝」。惟一遺憾的是，大流士再度從他手中逃脫。

政治與經濟

(一) 修建奈布札宮殿

高戈米拉戰後第二天，亞歷山大離開戰場向南前進，沿皇家大道，長驅直入巴比倫，到了這歷史中的古城。大流士派在當地的總督馬查歐，率領他的兒子們列隊站在城門口，高呼:「歡迎偉大的征服者，亞歷山大大帝！敝

人保證馬其頓軍隊受到熱烈的接待，敝國所有精美的寶藏都呈獻給您。」巴比倫全城的百姓也列隊歡迎，將亞歷山大奉為救世主。

亞歷山大為了籠絡人心，對馬查歐說：「我不會虧待你們的，現在，第一件事，我要去拜訪城裡的主祭司；第二件事，我們必須重建一百五十年前被老波斯王摧毀的古神殿。」此言一出，巴比倫全國上下無比歡欣。

西元前 6 世紀，巴比倫帝王奈布札所建的華麗皇宮，仍然金碧輝煌，這座皇宮共有六百個房間。亞歷山大住進皇宮前，先到祭壇祈禱，學習以前巴比倫的統治者，撫握眾神像的手，領受神的力量，然後上祭品供奉。他如此尊重巴比倫當地的傳統，獲得巴比倫所有祭司及人民的感恩。同他治理埃及一樣，他又恢復了兩世紀以來未使用的習俗，贏得

巴比倫百姓一致的擁戴。在他們的心目中，亞歷山大雖是外來的征服者，人們卻心悅誠服的接受他的統治。

神殿重建工作上了軌道後，亞歷山大開始著手巴比倫的行政工作，採用三頭馬車制，保留原來波斯總督的職位，任命希臘人和當地的巴比倫人各一名負責監督。如此一來，住在巴比倫的各族裔，包括巴比倫人、伊朗人、阿拉伯人、印度人及猶太人，彼此間政治權力平衡，所有百姓均得到照顧。

亞歷山大戰勝後，將獲得的金銀財寶，分贈有功的將士，士兵們暫時住進舒適的民房，也受到當地百姓熱忱的招待。亞歷山大自己悠閒的在奈布札宮住了五個星期，仔細參觀宏偉華麗的宮殿。

這年年底他揮軍進入蘇沙，

幾乎沒有遇到任何抵抗。這城裡有棟二百年歷史的冬宮，裡面有數根二十公尺高的石柱，支持著杉木屋頂，屋頂下有一座金色的萬王之王的寶座，由於大流士逃跑了，亞歷山大便順理成章的坐上寶座。鉅大的財富寶藏都屬於他的了。更令他興奮的是，那些以前被波斯王從雅典劫走的貴重古物，包括古希臘的英雄銅像，全部收了回來，他並將這些珍貴的古物送回自己的祖國馬其頓。

㈡ 新帝國的錢幣

西歐歷史上首枚硬幣，是在西元前 7 世紀時，由利地亞的希臘人鑄成的，但是，到了亞歷山大的時代，許多人仍然依賴以貨易貨的經濟。亞歷山大將他的財務大臣哈伯樂召來問道:「這趟東征，用兵、動武並不是真正的目的，實際上，我希望打通東西方的交流，與外國人來往，大家互

相做買賣，但是以貨易貨太不方便了，你可有高明的辦法？」

「陛下說得極對，做國際貿易，必須使用錢幣，才易流通，況且，我們軍人的薪餉，是一筆龐大的支出，也應以錢幣支付，他們在國內的家人才好使用。」哈伯樂胸有成竹的建議。

西元前 334 年，亞歷山大在安菲坡設立了最大的鑄幣廠，那段期間，生產了一千三百萬希臘銀幣。

當亞歷山大的帝業越來越擴張，他從大流士那兒奪來的財寶也越來越多，包括四萬到五萬特朗銀子，另有九千塊黃金錠，他即刻成了世界上最富有的人。

他毫不自私，決定在巴比倫再設立一所皇家鑄幣廠，將所有金塊熔掉，重新打造標準統一的硬幣。巴比倫鑄幣廠是當時世界第二大鑄幣廠，僅次於安菲坡。

貨幣流通使歐、亞、非的貿易和經濟，達到空前的繁榮。

　　亞歷山大發給士兵的薪餉很優厚，高戈米拉戰役勝利後，亞歷山大犒賞每名士兵六百銀幣，相當於他們一年的薪水。

　　亞歷山大也很巧妙的運用硬幣做宣傳工具，在他有生之年，很少將自己圖像鑄在硬幣上，總是選擇神像，四個他最常用的神像是宙斯、阿蒙、赫克力士，以及戰神雅典娜。有些硬幣圖案象徵他的王國，如雄獅、皇冠。

　　亞歷山大去世後，他的圖像才常常被鑄在硬幣上。硬幣制度的流行可說是亞歷山大留給後人的一項重要功績。

出奇制勝

　　當年12月，亞歷山大和他的軍隊，向六百五十公里外的波斯波里出發。他將部隊分成兩支，

由帕曼歐帶重裝備的步兵及車隊走平地；他自己率領二萬輕裝突擊隊走又是冰雪、又是森林的山地，這條路雖是捷徑，但途中要經過十公里狹長的波斯隘口，越過山後還要渡河，方可到達波斯國境。

當地的波斯總督，在狹窄的隘道築了一道高牆，牆後埋伏弓箭手，在山頂高處由四萬步兵及七百騎兵把守。1月初，亞歷山大冒險發動攻擊。當軍隊進到隘道最狹窄的一段時，波斯人發動大規模的石頭、弓箭以及標槍攻擊，亞歷山大的人馬傷亡慘重，無計可施，只得趕緊向西撤出隘口。

亞歷山大逮到一個牧羊人，詢問出一條可以繞過這個隘道的牧羊山徑，原來另有一狹長約十九公里的隱蔽羊行小道。克瑞圖和他的部隊留在隘口，仍假裝設

法攻打隘道。亞歷山大趁著黑夜領軍，冒著大風雪，爬越難行的山道，到達了二千三百公尺高的高峰。三位將領早已商量過，越過山峰後他們領著步兵團衝下平原，架橋讓大軍過河，打入波斯波里。亞歷山大帶四千人，托勒密帶三千人，集合繞到隘口的後面去攻打波斯軍的後背。

天尚未亮，亞歷山大和他的軍隊，神不知鬼不覺到達隘道的後門，也就是波斯大軍的陣後。當約好的信號一出現，克瑞圖及他的部隊從隘道的前方攻上來，與在敵人後方的亞歷山大軍隊前後夾擊。托勒密的部隊則從敵人的側方攔腰攻過來。一下子波斯軍三面受敵，無處可逃，只有少數幾個人騎著馬逃跑了。

亞歷山大和他的軍隊很快的通過隘口，波斯波里的皇家大道敞開在他面前了。

火燒波斯首都

亞歷山大穿過了波斯隘口，終於在第二年的 1 月到達了波斯帝國的首府波斯波里。亞歷山大以馬其頓的統治者，接受守軍的正式投降，皇宮庫存的十二萬特朗黃金原封不動的移交。但他沒被波斯人奉為大王，大祭司也不願將宗教的權位拱手讓給他，所以亞歷山大有點懷恨這個不接受他統治的城市。他治軍嚴謹，一向不准士兵打家劫舍，但是這一次，他特別允許士兵到富人家打劫一天，他認為波斯波里是亞洲最可恨的城市。

西元前 330 年 5 月的一個夜晚，亞歷山大與他的將領及賓客在宮殿裡飲酒作樂，突然有人大喊：「失火了！」

熊熊大火延燒得極快，只一會兒的功夫，宮殿便燒得精光。

幸好亞歷山大及所有人均安全逃出。托勒密要徹查起火原因，結果大家你看我、我看你，沒人敢說話。

「是我的錯，」亞歷山大大聲說：「我不該讓跳舞女郎舉著火把跳舞，我確實很生氣波斯波里對我不夠尊敬，沒想到竟釀成如此大禍。」

眾人沒料到他們的大王會勇於認錯，對他更加的敬愛了。

對波斯的戰爭，隨著這場大火，本應結束了，人們盼望很快的會凱旋回故里。然而，躊躇滿志的亞歷山大，立在世界東、西方的界線上，望向亞洲，看到一望無際的平原，他決心要將他的大軍，領到那片未知的土地，去追求個人的夢想。

大流士之死

6月初，亞歷山大決定繼續

追趕大流士，那時，大流士帶了殘餘的波斯軍隊，撤退到了大夏國。

當大流士一路逃向大夏國的時候，陪伴著他的是他的堂弟貝索斯和納巴贊。貝索斯是大夏國的總督兼大夏騎兵隊的總指揮，而納巴贊則是波斯騎兵和禁衛軍的統帥。這些高級統帥早知道大流士根本打不過馬其頓，軍官及士兵也跟著動搖了，開始逃亡。大流士完全失去統治力。亞歷山大的大軍緊追不捨，納巴贊聲言上天已拋棄大流士了，慫恿貝索斯暫時接任王位。不久，大流士被監禁，他的貼身侍衛也都叛逃了。貝索斯被大夏騎兵和波斯兵擁立為王。

亞歷山大帶了五百名騎兵，日夜兼程，在這個滴水全無的沙漠裡飛馳追趕。一天，天剛亮之際，他們終於看到了前面波斯兵

馬揚起的塵土。當亞歷山大越來越接近時，這些貝索斯的士兵乾脆就脫隊逃奔。押著大流士的士兵，也急著要逃命，他們想迫使大流士一起騎馬逃走，但大流士堅持不肯和背叛他的士兵們一起逃亡。到了緊急關頭，叛兵使用長槍將大流士亂槍刺殺，然後各自逃跑了。

　　亞歷山大趕到時，終究未能與波斯王正式見上一面，非常失望，心裡感觸很多。他將自己的外氅＊，蓋在大流士的屍體上，並命手下將大流士的屍體塗上香油，日夜趕路，將遺體送交給留在波斯的大流士的母后。擇日在波斯首都為大流士舉行隆重的皇家葬禮。

　　儘管大流士已駕崩，亞歷山大要登波斯王位，還得除去篡奪

＊外氅　即戰袍。

王位的貝索斯才算穩固。何況貝索斯確實具有皇家血統，所以他要繼續追捕貝索斯，必須將弒君之徒繩之以法才行。

效忠與背叛

亞歷山大為了追趕貝索斯，自己閃電般的行動，經常將他的大軍遠遠拋在後面，花了大半個月的時間等軍隊全部到齊，才又繼續向前進。不久，捕到逃亡中的納巴贊，亞歷山大饒了他曾參與謀殺大流士的罪過；而大流士的弟弟發誓要為他哥哥報仇，願與亞歷山大並肩作戰，他被封作禁衛軍的一員。

這時軍中曾傳出將班師回朝的謠言，亞歷山大很激動的對全軍演講，想遏止謠言的流傳，繼續領軍往東南方前進，追趕弒君的貝索斯。

不過，這一路東征下來，他

的軍隊開始厭戰，希望能班師回鄉，軍隊內部確實有些鬆動了。有謠言說，老將軍帕曼歐的兒子費羅泰要暗殺亞歷山大，其實費羅泰和亞歷山大從小一起長大，算得上心腹好友。軍中的確有人策劃謀刺亞歷山大，費羅泰風聞這回事已有兩天，但他並沒有舉報。有一個隨從將這消息報告給亞歷山大，整個陰謀就暴露了，真正主其事的人，因為拒捕，當場被擊殺。

　　事後，亞歷山大的一些高級將領，包括艾飛雄、柯納實、克瑞圖等人檢討此事，認為費羅泰應該負責。費羅泰被逼供招認，按馬其頓的刑俗，費羅泰不光榮的被一夥人投石處死。為避免流血的內鬥，亞歷山大隱瞞了費羅泰被處死的消息，連帕曼歐也不知道。帕曼歐當時駐守在遠地，亞歷山大派出身邊的高級將領，

帶了一封信給帕曼歐，假冒是費羅泰寫的，告訴他父親，謀刺亞歷山大的計畫成功，帕曼歐看完信臉上竟露出笑容，於是，送信者便依照亞歷山大事先的吩咐，將帕曼歐刺死。

翻越興都庫什山

西元前 330 年冬天時，亞歷山大命他的軍隊好好休息了幾個月。春天來臨，又繼續追捕老是製造麻煩的貝索斯，大軍必須穿越高聳險峻的興都庫什山。

興都庫什山脈上可通行的棧道都在海拔三千五百五十公尺以上，亞歷山大的三萬二千大軍必須捨棄所有車輛，只靠牛、羊、馬等牲口來駄負裝備。貝索斯正是走這條路撤退的，詭詐的貝索斯採焦土策略，他每經過一個村莊，就把那村落燒光，不留任何可吃可用的東西。果然，馬其頓

大軍進入山區，不到二週就吃光所帶的糧食，光禿禿的地帶，連一根燒火的木材都找不到，不得不將本來幫他們駄裝備的牲口殺來生吃。

雖然艱困，馬其頓士兵還是通過驚險峻峭的棧道。貝索斯無論如何都沒想到，亞歷山大能越過冰雪覆蓋的山巔，只得繼續向東逃。他渡過一條大河後，將所有船全燒光，跟隨的八千名騎兵看在眼裡，早知道貝索斯根本無膽量跟亞歷山大大打一仗，再這樣下去不會有好結果，紛紛逃得無影無蹤。

亞歷山大為了要渡過這條又寬、又深、水又湍急的大河，他命令士兵將獸皮做的帳篷塞滿乾草，再密密縫起來，變成可以浮在水面上的皮筏，馬其頓大軍只花了五天時間，就渡過河了。

貝索斯走投無路，托勒密輕

易的便將奸詐狡猾的貝索斯捉到了，貝索斯被五花大綁，赤裸的放置在路邊，亞歷山大嚴屬的責問弒君的貝索斯：「大流士是你的君王，是你的親戚，也是你的恩人，你為何要做出這等無恥的事來？」

貝索斯狡辯說：「為了要將大流士獻出來給你呀！」

亞歷山大嫌惡的下令將貝索斯痛打一頓，然後送回波斯法庭受審。審判結果，貝索斯犯下滔天大罪，被處極刑。

在波斯的最後苦戰

西元前 329 年的夏天，亞歷山大領著大軍，到了波斯帝國東北邊界，接下來的十八個月，亞歷山大經歷了從沒有過的苦痛和苦戰。

那邊界上有七個小城邦，建造於波斯的老帝王居流士時代，

位居東西交通的要衝，地理位置十分重要，是兵家必爭之地。城邦的城牆又高又堅固，城垣上面的空間非常寬敞，可讓為數眾多的弓箭手和彈弓手同時高高在上的發動攻擊，他們施放的武器威力也十分強大，這對亞歷山大來說是一項挑戰。

亞歷山大先派遣使者到七城邦中最大的塞羅堡勸降，總督斯皮塔本來已經決定投降，怎知突然又變卦，並殺害了亞歷山大的使者。亞歷山大非常生氣，立刻指揮軍隊進攻。這七個小城邦頑抗不停，相互支援。亞歷山大好不容易攻占一城，兩旁的城邦便來來回回以游擊戰不斷的騷擾亞歷山大的軍隊，讓亞歷山大的軍隊疲於應付。

等到亞歷山大好不容易攻占了六個城邦，軍隊也早已疲憊不堪。眼看只剩最大的邊防重鎮塞

羅堡了，不料，剛一開戰，亞歷山大的腿上便中了一箭。此時，城頭上的波斯兵、彈弓手不斷發動攻擊，頓時箭如雨下，亂石飛落。很不幸的，亞歷山大的喉嚨又被一塊大石打中，將他的嗓子給打啞了，無法發號施令；另一塊石頭則擊中他的頭部，讓他感到一陣暈眩，甚至暫時失明了。

　　亞歷山大受了重傷，卻還不願離開前線，堅持繼續向敵人進攻。有一天，天氣實在太熱了，亞歷山大忍不住喝了一些被污染的河水，因此得了急性痢疾，他忍著腹痛，仍然堅守崗位繼續指揮作戰，直到實在撐不下去了，才讓人把他抬回營帳內養病。等到病情稍稍轉好一些，他便親率精銳部隊去追打斯皮塔，最後終於將塞羅堡奪下。這次的作戰，讓他又傷又病，是他出師以來最不順利的一次，也是他在波斯境

內最後一場辛苦的戰役。

美麗的小星星

次年，亞歷山大的大軍得到充分的休養生息，此時有波斯貴族歐夏提，帶領一批人包括他的妻、女，及大約三萬軍民，躲進索格地亞山地。西元前 327 年春天一到，亞歷山大便率部隊要去掃平索格地亞。他發現索格地亞山地的形勢極為險要，四面都是懸崖峭壁，懸崖峭壁之上，又築有很高的城牆，連鳥都難以飛上去。歐夏提的軍民儲備了許多糧草、用水，準備長期抗戰。

亞歷山大率領大軍來到山下後，便向城牆上的守軍喊話：「快快投降吧！你們會得到公平的待遇，否則……」

山上的守軍聽了覺得十分可笑，回喊道：「亞歷山大，少說廢話！去找長了翅膀的士兵來吧！」

「非攻下這山城不可也，走著瞧吧！」守軍的輕視和取笑，令亞歷山大氣得咬牙切齒。

他馬上重賞勇士，第一個爬上城頭的士兵，可以得到十二特朗的獎金，第二個爬上的得十一特朗獎金，依次遞減。立刻有三百名士兵響應，他們趁著黑夜，往那最難的一側峭壁上爬，因為那側的守軍認為是天險，兵力部署最單薄。

勇士們利用鐵栓、長釘、繩索等工具，一個個吊在懸崖上往上攀爬，驚險萬分。到天亮時，約有二百七十人成功的攀上了城牆，他們向山下揮旗發出訊號，亞歷山大馬上向城上守軍喊話：「我已請到長翅膀的天兵了，不信，回頭看看後邊的城頭，那上面站的是什麼？」

這下把守軍嚇得目瞪口呆，還來不及搞清楚身後有多少馬其

頓的天兵，便驚恐萬狀的報告歐夏提，歐夏提沒法子只得開城門投降，他的妻子、女兒們全當了俘虜。

亞歷山大開慶功宴時，那些女眷們載歌載舞表演，歐夏提的女兒羅珊那時正值適婚年齡，是大家公認的，一位美麗而聰慧的女子。波斯語「羅珊」的原意是「小星星」，希臘神話裡有許多充滿星星的故事，這些浪漫的故事，不時在亞歷山大的腦海中縈繞。亞歷山大對小星星可說是一見鍾情，沒有把她當俘虜看待；羅珊把英勇俊朗的亞歷山大視同月亮一般，小星星依偎在月亮身邊，對他產生了愛意。星星、月亮永遠出現在一起，是天經地義的。他們兩人很快就墜入情網，沒多久便決定要結婚了。

索格地亞山城被征服後，亞歷山大又去攻打另一座更險峻的

山城，亞歷山大越是碰到難題，越是信心滿滿的要征服。山上守軍派人送信給歐夏提請教防守辦法，歐夏提很坦白的告訴來者：「要和亞歷山大為敵，無異以卵擊石。」

守軍趕緊開城門投降，並贈送馬其頓軍兩個月穀糧和乾肉。全城狂歡慶祝，亞歷山大和羅珊在這山城的最高峰，舉行了結婚典禮。

至此，亞歷山大完成了征服波斯全境的大業。很快的，亞歷山大又繼續他另一波新的軍事行動。

無止境的探險

長春藤之城

春天到了，亞歷山大又繼續踏上東征之旅，十天之內他再度翻越興都庫什山，朝印度東進。到了秋初，他已將印度河以西的一些小國征服，這些小國的國王紛紛投誠，還有些國王帶了珍品及大象獻給亞歷山大。

有個富庶的奈薩城的國王阿克費，求見亞歷山大，請求讓奈薩城維持現狀，他解釋說:「這城是希臘的酒神狄奧蘇（也被尊為植物神，長春藤是祂的象徵）所建，六千多年前他曾率兵攻打到印度，在返鄉的途中經過這裡，見土地肥沃，便將一些老弱的士兵留下來，建設這座城鎮，留作他長征的紀念。」

　　為了證明他說的是事實，阿克費帶著亞歷山大參觀城內的長春藤，這些長春藤在希臘是很普遍的，但不在別的地方生長。說起來可奇怪了，全印度只此一地生長長春藤，馬其頓士兵一看到長春藤，思鄉之情油然而生，紛紛摘下長春藤條編織成花環，戴在頭上，唱歌、跳舞、飲酒，好似回到了故鄉。

　　亞歷山大聽酒神的故事入了迷，由於他和他的母親一向敬奉酒神，自然不願冒犯酒神所建的城鎮，於是應允阿克費的請求，保留該城獨立、自主的現狀，未加任何干涉和破壞。

超越赫克力士

　　過了一年，又是一個春暖花開的時節，亞歷山大率大軍繼續向印度內地東進，來到阿爾諾斯山。

　　阿爾諾斯山橫阻在到印度河的途中，是進入印度內地必經之路。這座大山高達二千四百四十公尺，地形非常險要，山上有自然泉水，印度人在山頂建築了防禦工事和堅固的山寨，囤積了充足的糧食，還有廣大可耕作的田地，是個易守難攻的據點。

　　「陛下，」一位將領對亞歷山大說：「傳說，連天神的兒子大力士赫克力士，都無法攻克這座山城。」

　　「有這回事嗎？」亞歷山大的好勝心被激起了。「我非要將這座山寨征服不可，一來可前進印度河，二來我要和赫克力士比比看，誰的本領大！」

　　熟悉山路的人指點，唯一攻山之路得先占住毗鄰的另一座更高的烏那薩山，然後從上而下攻取阿爾諾斯山，困難的是兩山之間有很深的溝壑，造成天然的屏

障。亞歷山大命托勒密領軍先爬上烏那薩山，自己率兵砍伐山上的樹木，利用這些木材在窪地上逐漸堆築成一座橋，橫跨到阿爾諾斯山。

築橋的時候，印軍發動猛烈攻擊，亞歷山大始終身先士卒，與士兵同甘共苦，不斷大聲的鼓勵：「最勇敢的有賞！」

不久終與托勒密上下應合，聲勢猛然大振，印度人見狀大為驚慌，怎料到有人會從更高的山上攻下來，只好投降求和。

這座連赫克力士都無法攻克的山寨，亞歷山大卻攻下來了，他歷盡千辛萬苦，終於完成這不可能的艱鉅任務，超越他所崇拜的神話英雄。然而他並不以此自滿，反而更積極的說：「下一個目標便是橫渡印度河了。」

橫渡印度河

越過了阿爾諾斯山，亞歷山大和他的大軍抵達水勢浩大的印度河邊。

早在亞歷山大征戰阿爾諾斯山時，他已分出一半兵力由艾飛雄率領先到印度河探路，並負責建造橋梁。這條印度的第二大河比歐洲其他河流寬大得多，出海口附近沖積成三角洲，形成富庶的耕地。亞歷山大如何將六萬多步兵，一萬多騎兵，還有戰車、器材等運到河的那邊去，的確是一項大考驗。

東征隊伍裡的工兵部隊是很重要的成員，他們遇水搭橋，逢山修道的成就，在古歷史中無人能比得上。指揮工兵的兩位出色工程師，狄德士和卡瑞亞，他們滿腦子的創造力和源源不絕的解決問題的妙招，為亞歷山大解決

許多途中所遇到的困難。那些進攻高城池所需的繩梯，射石頭的巨型彈弓機，攻城牆的擂石器，都出自他們的設計，一切盡量就地取材製造。馬其頓軍隊能順利的攻克一個接一個的城池，工程師的功勞不可抹殺。

這次他們又奉命必須在短期內造一座橋，好讓大軍通過。印度河不但寬深，而且水流特急，一般的橋梁不管用。於是，他們把很多船用繩索拴在一起，並用粗大的柳樹樹幹打樁，使船固定泊在水面，船上面再架木梁，鋪上木板形成一座浮橋。

新橋才剛剛搭成，大軍馬上有秩序的、安安全全的渡過印度河，亞歷山大甚為滿意，馬上在河岸祭拜河神，並好好的犒賞了艾飛雄、狄德士和卡瑞亞，還有那些建橋有功的將士們。

與象爭鋒

渡過了印度河，亞歷山大浩浩蕩蕩的向印度的中心進軍。印度國王包若士，是一位英明的領袖，身材魁偉，儀表堂堂，英勇的名聲響徹國內，是個高人一等的統帥。他將軍隊部署在印度河支流希達斯佩河的東岸，準備迎戰亞歷山大。他率領最精良的隊伍，包括戰車部隊、騎兵隊、精銳的步兵和威力特殊的二百頭大象隊。這些部隊裝備齊全，陣容嚴整，顯然，他決心傾全力與馬其頓的主力決戰。

　　亞歷山大在軍事上和戰術上的智慧，畢竟還是高出包若士一等。他到了河岸一看，便知此河雖是印度河的一條支流，但要渡過並不容易，初夏的雨季，不時大雨連綿，加上河流源頭高峰的積雪已開始融化，雪水加上雨水

一下子使河床變得水深流急，渡河不是一樁簡單的事。

另一項隱憂是沒有正式與象陣作戰的經驗。他知道，騎兵部隊的馬一旦嗅出大象的氣味，便會騷動不安，不聽指揮，即使騎兵上了岸，那些大象群可能會立刻衝過來，牠們那巨大的身軀，長鼻當號角吹，吹出怪裡怪氣的嘶吼聲，必定將戰馬嚇個半死，那些在河流皮筏上半渡的馬匹說不定嚇得往河裡跳，連岸邊都碰不上，這樣子如何作戰呢？

亞歷山大將這問題提出來，在軍事會議中討論，經眾將軍研究後，亞歷山大決定：「渡河，用聲東擊西戰術；對象陣，用包圍戰術。」

首先他在河這一邊紮營，將部隊分成好幾批，分向兩邊不同方向快速移動，在各個定點將渡河用的船推向水中，假裝要渡河

攻擊。其實他已勘察到營地北方約三十公里處，河道較窄，且樹林茂密，地形隱蔽，是渡河的好地點。

由於馬其頓的部隊不斷的移動，看似要渡河，包若士只好下令他的部隊跟著移動隨時應戰。尤其到了晚上，馬其頓騎兵不斷在河岸邊來回奔跑，高吹衝鋒號角，軍旗飄飄，馬嘶蕭蕭，包若士的軍隊也不得不在對岸左右奔跑，連象隊也得帶著跑，防止對方渡河。

連續跑了幾天後，包若士發現那僅是馬其頓軍的虛張聲勢，決定一動不如一靜，不再跟著跑了，但仍嚴密監視著對方行動。亞歷山大見印度兵鬆弛了戒備，便在一個烏雲密布、雷雨交加的夜晚，對克瑞圖說：「克瑞圖，你率你的部隊留守營地，等我們和印方擺好陣勢後，你就渡河。」亞

歷山大帶著部分主力，馬銜枚，人噤聲，迅速奔向北方預定的渡河地點。

當包若士接獲情報，以為又是一項馬其頓的假行動，但為了謹慎起見，他還是派了他的兒子率二千騎兵向北趕去。不料，包若士的兒子一路在沼澤與泥濘中奔馳，還是晚到一步。亞歷山大早已一馬當先，第一個登上岸，所有大軍也隨後渡過河來了。這批戰鬥經驗豐富的部隊，包括了武器配備最精良的近衛隊、強悍的騎兵團、技術精湛的馬上弓箭手，以及訓練有素的步兵方陣，總數共約六千名步兵和五千名騎兵隊，不消一刻就將印度王子所率領的二千騎兵擊潰，印兵戰死的有四百多名，包括了他們的王子。

包若士接到他的兒子陣亡的消息後，十分悲痛，但他仍然決

定要和亞歷山大決一死戰。他當即率領著約四千騎兵、三百輛戰車、二百頭大象和三萬步兵朝亞歷山大這邊開拔。到了一片平坦而堅硬的沙地時，他開始排下戰陣，最前線是大象部隊，第二線是步兵，步兵的兩翼是騎兵，而在騎兵前又部署了戰車。

亞歷山大的包圍戰術，首在限制象群的活動範圍，如果大象有充分的活動空間，奔跑起來，正面的威力十分驚人，大象背上負著很大的籮筐，坐在裡面的弓箭手或標槍手便能充分發揮攻擊力量。因此，亞歷山大和幾位大將分頭帶領騎兵從兩翼向印軍夾擊。

這時留守在河對岸的克瑞圖的部隊，也按照預定計畫迅速行動，渡過河來，直抵包若士大軍的背後。腹背受敵的印度騎兵被打亂了，亞歷山大下令弓箭手拼

命朝目標大的象群射擊，印度軍擔心背面的敵人，只好將大象調頭，象群因受箭傷，被激怒了，不受控制，遂不分青紅皂白向自己的陣地橫衝直撞。

原在大象後排的印度步兵和戰車，被象隊衝得人仰馬翻。訓練有素的馬其頓步兵，用盾牌連接起來，相互靠攏形成極嚴密的方陣，隨著「阿拉拉拉！來了！」的吼聲，一步步的向前挺進，將印度軍團團圍住，印軍完全亂了陣腳，鑽空子看馬其頓陣勢，哪兒有空隙便往那兒竄逃。

這當兒，包若士仍然奮勇作戰，他不像波斯王大流士那樣腳底抹油，溜之大吉，他坐在一頭大象身上，雖已中箭受傷，仍一邊設法指揮他的士兵，一邊揮刀殺敵。亞歷山大見他如此英勇，很想結交為朋友，不忍心殺他，因此派人勸他投降。戰爭剛開始

時，包若士沒想到他的對手會使出聲東擊西的戰術，後來自己雖料到幾分，但戰機已失，現在眼看大勢已去，便同意投降。

當包若士走向馬其頓部隊這邊時，亞歷山大命他幾員大將，隨同他一起騎馬到陣線的前方去迎接。亞歷山大對包若士十分佩服和仰慕，問包若士：「你希望得到怎樣的待遇？」

包若士簡單明瞭的回答：「像國王一般的對待！」

亞歷山大又問：「你打算要求我做什麼？」

包若士仍不卑不亢的說：「剛才的回答已經包含了我所有的要求。」

亞歷山大聽了非常激賞包若士威武不屈的氣度，立即恢復他的王位；日後包若士也用事實證明，他是亞歷山大的忠誠盟友。

軍旅生涯

亞歷山大降服了印度國王包若士後，附近一些小國不是望風而逃，便歸順投誠，遠征軍可說無往不利。事實上也確實如此，亞歷山大自從跨海登上了小亞細亞以來，從未打過一場敗仗，他的軍隊雖然也有損失，戰士也有犧牲傷亡的，但是比起敵人的大規模損失、傷亡，實在算不了什麼。

聯軍中有馬其頓軍、希臘各城邦的聯軍，還有在途中招募來的外籍兵團，不同背景的軍隊在亞歷山大的領導下，歷經許多艱辛苦戰，兇惡的敵人其實算不得可怕，可怕的是一路上的行軍，和不可預料的未來。有些士兵在經過乾熱的沙漠地帶，因缺水而渴死，有些在翻越興都庫什山及喜馬拉雅山時，在冰天雪地中被

凍亡，有些因食物中毒，或因糧食缺乏而餓斃，還有一些不知名的疾病及傷口發炎也奪取了許多人的性命，有些人雖然僅受了輕傷，但在印度又溼又熱的氣候摧殘下，因水土不服也病重身亡。

這許許多多的困境，在在影響了大軍的士氣。那麼，究竟是一種什麼樣的力量，支撐著這支龐大的隊伍毫不懈怠的向前邁進呢？

是那位意志堅決的領袖，是那位不畏任何艱難困苦的亞歷山大大帝。士兵跟隨著他，再怎麼艱鉅的困難，都被他克服了。是亞歷山大親自帶著他們，攻克一個又一個的國家，勝利的滋味鼓舞著他們。若不是亞歷山大，他們一輩子也不可能來到波斯、印度這些文明古國，征服比自己家鄉更富庶幾百倍的城市，看到許多做夢都夢不到的珍奇財寶。

　　亞歷山大治軍十分嚴謹，他不允許士兵打家劫舍，他明定准許他們攜帶一點點就他們的衣袋可以裝得下的珠寶。有些士兵看上了當地女子，他也為他們舉行婚禮，讓他們成家，有些家眷、子女跟著軍隊同行，使這些士兵不會因念家而溜跑。因此，日後隨著馬其頓軍隊回到家鄉的士兵們，雖未發大財，倒也都過得舒舒服服，安享解甲還鄉的日子。

駿馬忠騎

　　亞歷山大在希達斯佩河打了一場漂亮的勝仗，正興奮的慶祝勝利，突然接獲報告：「大王，步賽飛好像不行了！」這消息立刻沖淡了勝利的欣喜。

　　亞歷山大十一歲半時，勇敢的在父親及眾多賓客面前，將步賽飛馴服，在此之前，步賽飛從未讓人騎過；在那之後，步賽飛

也從未讓別人乘騎。牠忠於牠的主人，陪伴牠的小主人一步、一步的長大成人，長成英明偉大的帝王。牠跟隨主人千里迢迢的長征、渡海、跨河、翻山、越嶺，無論情況如何險惡，如何辛苦，牠絕不背棄牠的主人，始終忠心耿耿的馱著牠的主人東征北伐，直至牠用盡最後一點的力氣。

在戰役中，步賽飛也曾受過輕傷，當時仍毫不在意的奮勇奔馳，但此時牠終究逃不過死神的召喚。牠出身塞薩利著名的育馬場，是系出名門的純種馬，未依主前，脾氣暴烈，不受控制。牠全身漆黑，有黑得發亮的鬃毛，額頭上方還有一撮狀似牛頭的白毛，因此被喚作「牛頭」，「步賽飛」在希臘文中即是「牛頭」之意。

亞歷山大馳騁在無數勝利的沙場上，騎著步賽飛之英姿令敵

人喪膽。格藍尼河之役，伊蘇大捷，高戈米拉會戰，以及希達斯佩河之役，步賽飛無役不與。提爾攻城勝利後，有一次，亞歷山大來到一個小城邦，步賽飛被歹徒偷走了，亞歷山大震怒之餘發出警告，若是偷馬賊不將馬送回來，將屠殺全城報復。懾於亞歷山大與步賽飛之間真摯的感情，步賽飛立刻被偷馬賊送了回來。

人與馬間的情感，使亞歷山大非要為步賽飛舉行如戰士般的葬禮才心安。不久，亞歷山大在希達斯佩河畔建立了兩座城市，一個叫做「勝利之城」，另一個紀念他的愛駒，命名為「亞歷山卓·步賽飛」，這是亞歷山大所建造的城市中最深入印度，也是距他自己祖國最遙遠的城市。

終極征服

在希達斯佩河之役打敗了包

若士後，亞歷山大更是威名遠播了。當他領著大軍一路東進到喀什米爾時，許多印度小部落望風披靡，不是棄城逃跑，便是開城門投降，因為他們知道自己無法抵禦亞歷山大的大軍，如果正面衝突，馬其頓軍必如同洪水般，將他們沒頂。亞歷山大很高興，他把這些地區交給包若士治理；對於主動歸順的部族，他一向都以禮相待，雙方真誠和平相處。

士兵看得出亞歷山大決心要向無邊無際的大海邁進，任何反對和阻撓，他都不顧。軍隊快到比斯河時，他聽人說比斯河對岸一帶非常富庶，土地肥沃，易於耕作，老百姓平日勤於耕種，戰時勇於衛土，境內由一些貴族統治，事務處理得井井有條，百姓十分富有，一般人飼養大象替代勞動，而此地的大象比印度西邊一帶的更大更兇猛，作起戰來威

力驚人。這些情報傳到了亞歷山大的耳中，更使他非一探究竟不可。

　　八年的遠征，亞歷山大的功績，早已超越酒神狄奧蘇及大力士赫克力士，他的名聲在歷史上也無人可掩蓋。他這永無止境的征戰，並非全為喜好冒險犯難，而是為著滿足他的求知慾望，為了追求、探索新奇的事物。希臘先知認定，印度東岸浩瀚的大海即為世界的盡頭。那海洋一直在呼喚著他，他無法抗拒走到世界盡頭的引誘，他想看看那一望無際的海洋。

　　八年了，漫漫長途，大海還在天邊，他清楚知道比斯河對岸仍是廣袤的土地，不由得令人懷疑古希臘傳說中的大海到底還有多遠？不是說，站在興都庫什山上就可以看得到嗎？奇怪，怎麼一點影子都沒有？可見得先知的

話還是有某些錯誤。他尋求世界的盡頭，這一點，馬其頓士兵並不瞭解，到世界盡頭幹什麼？

亞歷山大心裡很明白，不久就能夠找到答案的。當地的印度人，尤其是城市裡那些從東岸過來的生意人，一定會告訴他，要去無邊的大海，路已不遠了。亞歷山大不惜再向前挺進三百二十公里到恆河去，這條印度的第一大河，流經整個東印度，只要越過河直走就一定可以看到無涯的海洋！

足跡永存

馬其頓大軍抵達比斯河時，因正逢雨季，河水暴漲，渡河困難，亞歷山大決定先暫時駐紮在附近的城邦。那裡的印度王索培斯，個子高高，相貌不凡，穿著紫金色的袍子，很勇敢的出來和亞歷山大交涉，他表示願意聽命

於亞歷山大，並將鑲滿珠寶的權杖，呈獻給亞歷山大。亞歷山大立即重新封他為王，兩人相處非常友善。索培斯準備了很多食物犒賞馬其頓士兵。亞歷山大讓軍隊好好的休養，士兵享受好酒美食，到樹林、原野狩獵。印度人狩獵時，總會帶著兇猛的獒犬同行，這種狗，希臘人總以為是由母老虎和公狗混種的，其實是喜馬拉雅山高地一帶的名犬。亞歷山大見了非常喜歡，索培斯便送了他一隻。

　　亞歷山大全心全意的想一探印度東岸，到達那夢寐以求、廣無際涯的大洋。他熱衷於探險，卻忽略了他屬下的心情。這些跟隨他這麼多年的馬其頓人，熱情逐漸降溫，厭倦沒完沒了的艱苦征戰，又不知道亞歷山大到底要將他們帶到哪裡去，還要不斷的冒生命危險。他們開始發出怨言

了。

八年來，馬其頓的軍人，打了無數艱辛的仗，翻山越嶺，度過了炎熱的夏天、冰天雪地的冬天，以及連綿不斷的豪雨季。尤其是希達斯佩河之役，折兵損將的情況，異常慘烈，磨光了雄心銳氣，體力精力消耗殆盡，士兵們已不想再往印度內地進軍了。軍隊裡裡外外流傳著某些謠言，說還有一條更大的河要渡，而河那邊還有數不清的印度兵帶著特大號的象隊等著。

這些話確有幾分真實，比斯河以東的象真要比馬其頓人所遇到過的象都要大一些，而且特別兇猛。因此，這批從無怨言的士兵開始抱怨了，表示要離開恐怖的印度，該班師回朝了。他們不習慣，也難以忍受連綿不斷的霪雨，身上的衣服永遠溼漬漬的快要發霉了，盔甲也破破爛爛，開

始生鏽了；許多士兵也因水土不服而病倒了。這樣下去，軍隊很可能因厭戰而暴發叛變。

亞歷山大獲得有可能要發生叛變的情報，於是召集全體將領們舉行會議。他一向是個雄辯滔滔、舌戰群英的角色。這一次也不例外，他鼓起如簧之舌說：「馬其頓同胞們！聯軍同志們！你們為什麼猶疑不決，不肯繼續向前到比斯河的對岸去呢？難道你們以為其餘的印度人還抵抗得住我們嗎？得了罷！他們要不，就是投降，要不，就是逃得遠遠的。」

他環視四周，繼續說：「一個有志之士，必須一路奮鬥到底，不能半途而廢。從這裡到恆河已經不遠了，馬上就可看到一望無際的海洋。我們必須堅持到底，只有不怕艱苦、勇於冒險的人，才能完成光輝的功績。我們在世之日，勇往直前，死後方能永垂

青史，這豈不是一件美好的事情嗎？」

話鋒一轉，他又充滿感性的說：「作為你們的大王，我何曾光命令你們去送死，自己躲在後面享福？我和你們一樣，睡同樣的野地，吃同樣的食物。再比比身上的傷，我沒比你們少。我把你們從苦哈哈、三餐不繼的地方，帶到吃香喝辣、穿金著銀的富庶都會，這些占領來的土地都是你們的，大部分財寶也都到了你們手裡。我發誓，當我們到達了印度那一頭的海邊後，一定班師歸朝。到時候願意回老家的，我會親自帶著你們衣錦還鄉；願意留下的人，會令那些回去的人羨慕得要命。」

亞歷山大講完這長篇大道理之後，沒有人說話，全場靜悄悄的，誰也不願表態。亞歷山大再故意用激將法：「有不同意見的，

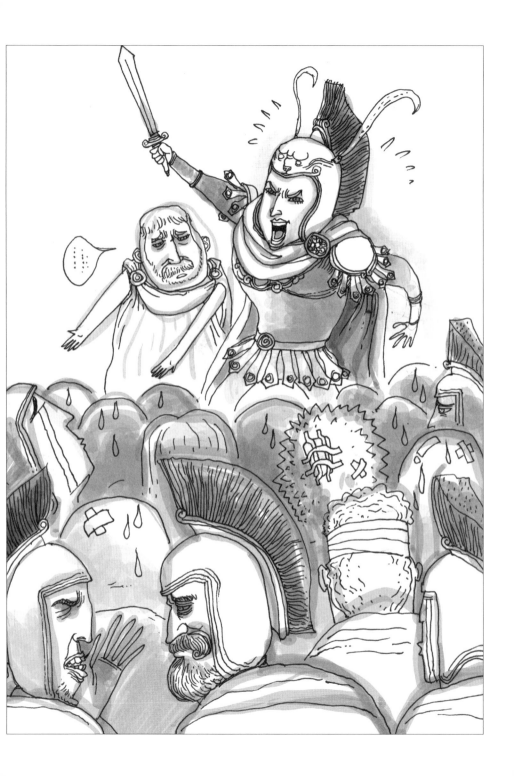

儘管講，沒關係！」

經過一段很長的靜默後，終於，亞歷山大一位親信老將柯納實鼓起勇氣說了：「大王陛下，我們這些跟隨您離鄉背井的馬其頓人、希臘人，已經創造了許許多多偉大的勳業，原來的一支龐大隊伍，如今已折損不少。剩下來的，都渴望回到老家，沒有一個不想念他們的爹娘，希望趁爹娘還在世時，帶些財寶回去，光耀門楣，當然這些金銀財寶，都是拜陛下您所賜。有妻兒的人更希望能像個大人物似的回家團聚。這些人已歸心似箭，毫無心情再戰下去，以前的鬥志和勇氣被磨光了，請不要再逼他們繼續東征了吧。

「再說，大王您自己也該回家，看看您的母親，料理一下希臘及馬其頓的事務；把勝利的果實呈獻給您的祖上。」

　　柯納實看了看亞歷山大的臉色，看不出有任何變化，便繼續勸說：「一個成功的英雄，應該知道適可而止。像您這樣英明的領袖，帶領我們這樣強大的一支隊伍，可以說是無堅不摧的，但這實在也靠些運氣，運氣是很難逆料的，誰也沒法保證運氣一直落到我們頭上。」

　　「好啊！好啊！太好了！他講得對！」柯納實說的的確是一番實話，旁邊立刻出現叫好聲，甚至有人落淚，這足以證明他們不願再往前走了。

　　亞歷山大十分訝異居然有人反對，心裡老大不高興，便解散會議，回到營帳三天避不見人。到了第三天，他又召集一些親信商議了一番。亞歷山大畢竟從善如流，但是他又不願認輸，便決定先舉行祭祀典禮。在祭祀中問卜時，恰巧出現不祥兆頭，亞歷

山大這時有了藉口，宣布不再東征，決心班師回朝。此言一出，全軍歡欣若狂，有人感動得痛哭流涕，有人還為亞歷山大求神賜福：「感謝我們的亞歷山大大帝，願神賜福給他！」

此時，亞歷山大突然奪過一名士兵手中的長矛，狠狠的用力扔向東方，想起剛登陸小亞細亞的那一刻，他在地上插上一支長矛，默念：「這塊土地是我的了！」如今，他希望這支長矛不停的飛越，直達陸地的盡頭。

無人認為亞歷山大輸了，反而一致認為他們英明偉大的領袖贏得了一場「仁慈的勝利」。

亞歷山大這項英明果斷的決定，確實將原本可能發生的流血叛變，扭轉為一次深獲人心的行動。他神采飛揚的下令舉行盛大騎術操練及競技運動大會，大家一起慶賀這次轉折性的決定。

　　許多人將亞歷山大視為眾神之子，他自己亦如此自許，他將部隊分成十二隊，每一隊蓋一座高達二十三公尺的巨型神壇，獻給一路上不斷保佑他的十二位神祇＊，包括女神雅典娜、象徵光明的守護神阿波羅、大力神赫克力士、奧林匹斯山統治神宙斯、埃及的阿蒙、希臘的太陽神赫流士、酒神狄奧蘇，以及海神、河神等等。這些祭壇有如巨塔，成為亞歷山大帝國到此的標幟。由於亞歷山大未摧毀印度，並且盡量保存了印度的歷史文物，印度人對亞歷山大懷有一分尊敬和感念。

　　然而，亞歷山大表面上意氣

放大鏡

＊傳說希臘奧林匹斯山上住著十二位神祇，但因亞歷山大也尊奉埃及的阿蒙，他所命令建造的十二座神壇，包括了阿蒙，所以與奧林匹斯山上的十二神不盡相同。至於究竟是哪十二位神？除了文中所述九位，其餘無從考據。

風發，內心還是對部下有叛變之跡象耿耿於懷。他本來只要再費一點點力氣，就可大大的擴張版圖，他獲得的情報是，只要一過了比斯河，雖會遇到一些抵抗，好處卻在後頭。若再渡了恆河，那邊的馬伽達國王軟弱無能，不費吹灰之力便可征服。可惜，命運捉弄人，亞歷山大只差一步便可以征服整個印度。馬伽達王國的國界一直延伸到孟加拉灣。馬其頓大軍，若是聽從並跟隨他們的領袖，只消再行軍三個月，便走盡他們所知道的全天下了，也達成亞歷山大所嚮往的抵達地球盡頭、親見那一望無際的大洋的願望。

5

班　師

造艦回航

　　令人鼓舞的歸程終於要展開了！總數達十二萬的大軍先集中在希達斯佩河畔的步賽飛市，亞歷山大命令木匠及造船師趕製大船，打算讓一部分人乘船，由水路航行，經波斯灣回希臘。

　　豪雨和酷熱交迫下，使忙碌的老將柯納實病倒了，柯納實病得不輕，醫藥齊下也不管用，沒多久就去世了，這對亞歷山大的打擊很大，他不但是位驍勇善戰的大將軍，而且是位忠誠賣力的朋友，亞歷山大倚之為左右手，在軍務倥傯的時候全軍為柯納實舉行了告別葬禮。

　　龐大艦隊準備就緒後，亞歷山大重新整合他的軍隊，一共分

成三路，自己帶八千士兵乘船，走水路；克瑞圖帶一部分步兵和騎兵沿希達斯佩河右邊出發；艾飛雄領大軍主力沿希達斯佩河左岸撤軍。為了安全，另命一名馬其頓籍的督軍菲立普三天之後，領餘兵殿後，防備前軍傷殘士兵脫隊或叛離投敵。

　　艦隊中最引人注目的，是八十艘亞歷山大親自設計的三十槳大船，此外，還有運輸船、輕型船、運馬船等等將近有二千艘。他任命童年時的好友尼亞卡為艦隊總司令。在西元前 326 年 11 月初的一個清晨，亞歷山大下令啟航，嘹亮的號角聲，響徹清冽的晨曦，善於航行的腓尼基人、塞埔路斯人、埃及人擔任水手，哼著曲調，一齊將槳劃破水面，歌聲、擊水聲在河道中、幽谷中、兩岸間，不斷迴盪，震撼人心。

　　印度人從未看過這麼龐大的

艦隊陣容，從未看過馬也乘船，紛紛聚在兩岸圍觀，忘形的歌唱舞蹈。亞歷山大高高挺立在他的主艦上，手持盛滿佳釀的金杯，遙祭河神、海神及各路神明，保佑航行安全順利。他不可一世的英姿給圍觀的人們留下難忘的一幕。

　　不到三天，艦隊抵達索培斯國王的境地，與走陸路的兩支隊伍會合，他們再度受到索培斯殷勤的接待。以後他們所經過的各部落均竭誠相待，他們聽到亞歷山大的艦隊經過，因懾於他的聲勢，都紛紛示好獻禮，並自動替馬其頓軍隊補充裝備、食物。

　　船行到了希達斯佩河與阿塞西尼河的匯流地帶，水流增快，河水奔騰呼嘯，形成許多漩渦。艦隊航行至此，驚險萬狀，有不少小型船隻被打入漩渦，船沉人沒，損失不輕。

勇冠三軍受重創

這年年底，亞歷山大的艦隊與艾飛雄、克瑞圖及菲立普的陸上部隊在馬里會合。沒想到馬里這個部落想造反，亞歷山大帶了一小隊人馬出擊，雖很快就將它平定了，但有一小撮馬里人逃到比較強大的牟丹去，組織大約五萬人的軍隊，預備和馬其頓人好好幹一場。

一不做二不休，亞歷山大向牟丹城進軍，這個城的地勢高，城牆堅固，亞歷山大久攻不下，有點不耐煩，抓住一條繩梯親自往上爬，很快上了城頭，接著還有三員大將也爬上城。可是，當其餘的士兵擠著向上爬時，繩梯竟然繃斷了，使得眾多士兵摔下城去。亞歷山大等四人在城牆上頓時孤立無援，加上頭盔光亮，鎧甲鮮明，馬上成了明顯的攻擊

目標。

亞歷山大心裡想：如果待在牆頭，目標十分顯著，萬一冷箭射來，豈不死得冤枉，不如跳進城去，拼個你死我活，這樣死也值得。一念及此，即刻攀樹躍入城中，剛著地，敵人即刻包圍上來。

另外三人也跟著跳下，與他們的國王並肩抵抗一層層圍攏上來的敵人。這時，亞歷山大中了一箭，箭穿透鎧甲刺在他的胸膛上。三人持盾牌護著他，擋住箭雨。危急之間，城門已被馬其頓大軍攻破，士兵看到大王受傷倒地，既驚又怒，更加奮勇殺敵。打敗敵人後，他們迅速將亞歷山大抬走。亞歷山大胸部的傷口，不住的向外流血和冒氣泡，傷勢不輕，箭頭似乎刺穿了肺臟。

「我們敬愛的大王受傷了！」消息立刻傳遍軍營。

「大王已經陣亡了！」再一會兒，謠言四起。

亞歷山大知道此刻他必須出現在眾人面前，才能止住謠言。他不願被人抬著，堅持騎馬回到他的營地，彷彿有如神助般，他仍揮手與眾人打招呼，營地歡聲如雷，許多士兵見他安然無恙，轉憂為喜，淚如雨下。亞歷山大不顧自己的性命，受到好友克瑞圖及托勒密的叱責，責備他不應該這般不顧死活，草率行動。然而，他的英勇並沒有白費，馬里和牟丹終於徹底投降了。

沙漠餘生

亞歷山大只休養了很短的一段時間，就開始繼續向南航行。快到印度河出海口的三角洲地帶時，亞歷山大根據地理知識判斷後，認為這地方地理位置重要，資源豐富，必能為己所用，於是

囑咐艾飛雄多蓋船塢，將這一個小城市發展為重要的海港。果然沒多久這個小城發揮了作用，使軍用補充完備，可以讓大軍從海上航行回巴比倫了。

亞歷山大把責任交給海軍統帥尼亞卡，命他率領艦隊，等到9月「貿易風」＊來臨時，順風航行，自己則帶領大部分的隊伍沿著海岸線走，原打算這樣可沿路挖水井，為艦隊補充飲用的淡水。沒想到這條路走起來遠比預計的困難得多，走到10月，進入沙漠地帶，不但沒水，而且天氣燠熱。白天烈日當空，根本無法行軍，只得晚間趕路。車輛沉陷在沙地中無法行駛，不得不拋棄車輛和重裝備。飲水和食物漸漸

放大鏡

＊貿易風　產生在赤道兩側南北緯三十度附近，全年風向規律恆定的風。航海者以此風橫渡大洋來進行貿易，所以稱為「貿易風」，又稱「信風」。

耗光了，連走不動的牛、羊、馬匹，都宰來吃了。有一次他們紮營在乾涸的河床上，突然來了一陣洪水，將不少士兵沖走。沙漠風暴加上洪水，掩蓋原先路上的地標，大軍因此在沙漠迷路，繞了許多冤枉路，終由一隊偵察兵摸索到回海岸線的路。

在這等自顧不暇的艱苦環境裡，亞歷山大仍愛護部下如同手足，願意與他們同甘共苦。如果他看見騎兵失去了馬，他也跳下馬陪著他們走，如果哪個人沒有口糧了，他也陪著他不吃，他絕不會吃得比他們多，比他們好。有一次出去找水的隊伍，找到了一條小溪，舀了一點水，用頭盔盛著，想到他們的大王傷還未痊癒，一定渴得要命，連奔帶跑的將水送到亞歷山大面前。

「敬愛的大王，請喝水。」

亞歷山大接過水說了聲：「謝

謝！」環視了他的士兵一圈，在眾目睽睽下，出其不意的將水潑灑在地上。說來奇怪，誰都沒喝到水，眾官兵卻個個像喝飽了水似的精神大振。這分有難同當的袍澤情，正是士兵甘為他賣命的原因。

開集團結婚的先河

西元前 325 年 2 月底，亞歷山大領軍回到了蘇沙，在這兒，他感受到濃厚的波斯文化薰陶，公開表示要歸化，並採納波斯習俗，鼓勵與波斯人通婚。亞歷山大自己領頭娶大流士的長女芭絲妮，盛大的婚禮中，另有九十二名親信密友一起響應，也迎娶波斯女子為妻，他們不但成了波斯人的親戚，彼此之間更攀親帶故了。艾飛雄娶了大流士的第二個女兒德蕾比蒂，亞歷山大有意要他最親密的朋友的子女，成為自

己的甥兒女，克瑞圖娶了大流士的姪女，托勒密娶了阿塔貝索斯的女兒，尼亞卡娶了阿塔貝索斯的孫女。這些人本來就是親友，如此一來更是親上加親了。

風氣一開，有上萬名的馬其頓士兵迎娶波斯女子，亞歷山大致贈每人一份豐厚的禮物，同時還替結婚的士兵們還清他們的債務，一共花了二萬特朗。他一方面入境隨俗，促進族群大融合、文化大交流；另一方面則致力於波斯的馬其頓化。這三年來，亞歷山大在蘇沙招募三萬名波斯青年，使他們接受馬其頓式的軍事訓練，穿馬其頓戰鬥服，如今已訓練完成。有些馬其頓士兵卻老大不高興，他們以為漸漸失去君王的寵愛，要被波斯兵取代了。

亞歷山大確實想將一批老兵送回馬其頓，每人發給一大筆餉金。這批老兵本來就對波斯新兵

不滿，便向亞歷山大抗議說：「陛下，您要用這些虛有其表，像跳芭蕾舞似的，光好看卻不中用的軍人嗎？」

說得亞歷山大笑起來，他們接著一本正經的說：「您先派我們攻堅作戰，歷盡艱辛，現在筋疲力盡又傷殘老弱，很沒面子的要被送走，教我們如何是好？」

士兵的求情，違背了亞歷山大的意旨，他不悅的說：「我哪會將你們甩掉呢？想想看，你們在腓力王在世時，就已為馬其頓出生入死，我和父王都對你們尊敬有加，如今你們立了功勞，該是告老返鄉享樂的時候了。」

說完，他照例單獨一人悶在帳篷裡，不見客。馬其頓士兵知道他們忤逆了大王，圍繞在他的住處兩天兩夜不肯離去，向大王懺悔，一直到第三天，亞歷山大才原諒了他們。他高高興興的拿

最好的酒、菜大擺筵席送行，並犒賞每個士兵，然後命克瑞圖護送這批老兵們衣錦回鄉。

失去愛友

克瑞圖走了，艾飛雄便成為亞歷山大手下的第一副元帥，他肩上的擔子無形中變得更重了。

那年夏天特別的炎熱，亞歷山大的軍隊駐紮在哈馬丹消磨夏日，他經常陪妻子小星星羅珊觀賞戲劇，他尤其喜歡看希臘演員賣力演出的喜劇。

在歡樂的閒暇中，艾飛雄卻得病了。亞歷山大知道後，立刻陪在艾飛雄床邊照顧他，並延請最好的醫生替他治病。過了一星期，艾飛雄病好了一些，亞歷山大才離開病榻，趕去參觀運動競技會，就在這短短一段時間裡，艾飛雄的病情突然加劇。亞歷山大得報時，正在看一群青少年比

賽，他立即趕回來，卻已經太遲了，艾飛雄已撒手人寰。亞歷山大悲慟萬分，仆倒在艾飛雄的身上，痛哭流涕了一整天，直到晚上，人們才將他拖開來。

以後的兩天兩夜，他不食不飲幾至癱瘓，如同希臘英雄阿基里傷痛好友派卓克的逝世一樣。他甚至有點神智不清，一不做二不休，剃光了捲曲的長髮，並下令將軍中所有的馬及驢的鬃毛和尾巴全剪短，人畜共同哀悼。他怪罪替艾飛雄治病的醫生疏忽，將醫生處以重刑，還下令將哈馬丹地方所有神殿裡的醫療之神打毀，醫療之神叫艾斯庇，他聲嘶力竭的大吼:「算什麼艾斯庇，不但沒庇護，簡直是屁護，竟然沒好好照顧艾飛雄！有失神職！」

他下令各地大舉哀悼，行禮服喪，帝國內神殿聖火及長明燈均熄滅掉，執行這種等同國王崩

徂的禮儀。甚至派特使到西瓦，請示埃及的阿蒙神諭，可否將他的好友封為神祇，神諭不可，只可以把艾飛雄當英雄來崇拜。

帝王之死

西元前 323 年 4 月，巴比倫城裡人們議論紛紛。

「亞歷山大大帝快回來了。」

「他最好暫時不要進城。」

「為什麼?」

「因為祭司說神諭有不祥的凶兆。」

「大王不願耽擱進城，幸好神諭指示，從東門進城比較受到保護。」

「哎呀!不好!東門是沼澤地，行軍極困難。」

「不得了，大軍還是繞到西門進城了。」

難道天意如此，亞歷山大竟然陰錯陽差，走入「西天之門」

了嗎？

　　在巴比倫的行宮中，亞歷山大接見了各地派來向他朝覲的代表，其中有很多是原先尚未歸服的王國。他們見他征服了東方，安安然然歸來，一路雄心勃勃的探索新疆域，威名所及，都心悅誠服的向他表示忠誠擁戴。有些小王國，誠心誠意請亞歷山大來解決他們國內的爭端，只要亞歷山大有所指示，有所決定，他們都欣然接受，他們衷心奉他為全世界的主人。

　　亞歷山大坐在金碧輝煌的奈布札宮殿裡，縱使對艾飛雄的去世哀傷欲絕，可是他腦海中的計畫卻也不曾停歇。第一件事就是要進軍阿拉伯，這個過去一直是波斯盟邦的國家，從來沒有正式降服過，這次非得降服她不可。他想辦法要先穩定波斯灣沿海一帶，建立一條直航埃及的永久海

道，將紅海和尼羅河貫通，使阿拉伯發展為國際貿易中心。亞歷山大的造艦人員全力著手造艦。海軍統帥尼亞卡早已將原有的艦隊，從幼發拉底河帶到巴比倫，另外合編了五十艘腓尼基人的船艦，組成一支強大的海軍。

等攻打阿拉伯的準備工作做得差不多了，亞歷山大才為艾飛雄舉行隆重的葬禮。經過幾個月細心的準備，艾飛雄塗抹了香油的軀體放置在六十公尺高的火葬臺，每個臺階都鑲著黃金，許多雕刻精美的陪葬物，例如兵俑、鷹俑、蛇俑、牛俑，以及各種馬其頓和波斯武器，皆隨著葬火而逝。

向摯友致以最高的敬意後，一連串的不祥之兆和凶兆，也開始接二連三的發生在亞歷山大身上了。有一次，亞歷山大乘船巡視水道時，一股勁風將他飾有王

冠的寬邊遮陽帽吹落了，水手眼明手快，一把撈住王冠，才沒有讓它掉進泥水中，匆忙間，水手將王冠頂在自己頭上，雙手划水上船，把王冠送還給亞歷山大，殊不知，這是王冠易主，極不祥的兆頭。另一個更壞的惡兆，發生在王宮裡，大家正商量攻打阿拉伯的計畫，亞歷山大起身暫離王座，這時，一名糊塗囚犯剛好經過那裡，便一屁股坐將上去，這可不得了，犯了大忌，宮廷裡服侍大王的人都嚇壞了，認為將有大難臨頭。

儘管發生了這麼多不祥的預兆，亞歷山大仍然參加海軍統帥尼亞卡所舉辦的宴會，他喝了許多酒，然後沐浴就寢。第二天醒來，先有一點發燒，以為沒什麼大不了的，不肯休息，那晚又喝了更多的酒。第二天卻燒得更厲害了，御醫認為他感染了瘧疾，但

他仍不肯休息，繼續和將領們擬訂作戰計畫，並打算親自領軍。

那天晚上，服侍他的人將他抬到皇宮靠幼發拉底河畔較涼爽的一邊，他覺得舒服些，體力也好些，第二天立刻又和他的軍官們商討軍事大計，但不一會兒，又發起高燒來，這樣反反覆覆，過了九天，亞歷山大已虛弱得說不出話來，生命力漸漸的如退潮般離開他的身軀。

亞歷山大大帝將他的眾將領們召集到他的床邊，將象徵王權的戒指脫下，放到帕迪卡手中，正式任命他為副元帥及攝政。眾將領又問他：「偉大的帝國要留給誰？」

他輕聲無力的說：「給最好的人選。」

亞歷山大大帝彌留之際，士兵們在宮外排起長隊，渴望能見他一面，不論生死，他們都想再

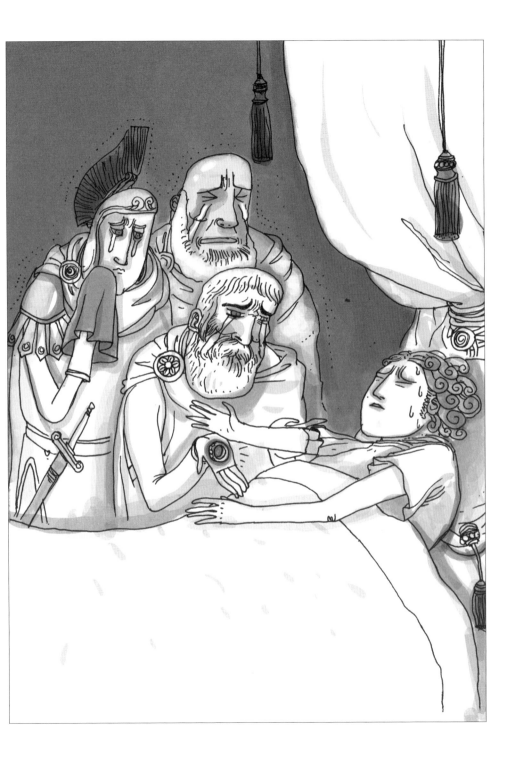

看一眼他們敬愛的大王。他們安靜的排隊，滿懷悲痛、無助及惶恐，魚貫進入皇宮，來到亞歷山大床邊。亞歷山大見他們一一走過，雖然說不出話來，但仍掙扎的抬起頭來打招呼，從他的眼神中，看得出，他認得每一個人。

6月10日晚間，亞歷山大大帝離開了人間，那年，他還不滿三十三歲。一位雄才大略、英明睿智的領袖，留給後代永垂不朽的功績。

亞歷山大的影響

亞歷山大短短三十二年的生命，無疑創造了遠古時代最輝煌的歷史，他將希臘文化、語言，遠播到喜馬拉雅山腳下。新興的「希臘文明」，影響了世界各地達三百年之久。他所建立的七十多座如同驛站的城市，對通訊及國際交流和貿易，貢獻非凡。其

中，埃及的亞歷山大港甚至一度成為埃及的首都，使原本古老、保守的埃及，因為對外交流、貿易的緣故，更容易接觸到新知和新訊息，變成當時世界上最重要的商業大埠。

亞歷山大致力於融合希臘文化與當地文化，截長補短，遵照當地的法律、風俗習慣以及政治制度，尤其是在建築、器械、工具、通訊方式等方面，總不忘摻入比較先進的希臘文明。至於政治經濟制度，他推崇民主精神、議會制度、集會選舉、統一錢幣等措施。而與人民日常生活密切相關的部分，他也十分用心，例如普遍設立行政場所、神殿、圖書館、劇院、運動場等。

無人知道亞歷山大腦袋裡想些什麼，卻可以肯定他充滿雄心壯志且鍥而不捨，不達目的絕不甘休。永無止境的求知慾，促使

他不停的探險；而他大無畏的冒險，僅是想要尋求答案。即使沒有對手，他也會設法超越自己；他不但超越同儕，也超越了歷史上的古人，甚至神話中的英雄。後世那些歷史上的帝王將相，包括羅馬的凱撒大帝及奧古斯都，埃及女王克麗派屈，法王路易十四及拿破崙，都踏著亞歷山大的足跡，以他為標竿為榜樣。

在荷馬的史詩《奧德賽》和《伊利亞德》，以及形形色色的希臘神話故事裡，總不乏許多法力無邊、變化莫測，能夠上天下海的英雄神祇們，這些神祇大概都能引起人們的尊崇和敬畏，但只要提到血肉身軀的人間英雄亞歷山大，相信大家一定能認同他的事蹟，他的功業，以及他對後世實實在在的影響，絕對遠遠超過虛構的神祇們！

亞歷山大

小檔案

前 356 年　出生。

前 348 年　父親腓力完成馬其頓的統一大業。

前 345 年　馴服愛駒「步賽飛」。

前 340 年　任馬其頓攝政。

前 338 年　父親腓力組織「希臘聯盟」，成為聯軍最高統帥，統治了
　　　　　希臘各城邦。

前 336 年　登上王位。

前 334 年　發動攻打波斯的戰役。 在安菲坡設立當時最大的鑄幣
　　　　　廠。

前 333 年　一刀砍開「高町結」。11 月，首次大敗波斯的大流士於
　　　　　伊蘇。

前 331 年　與波斯大流士在高戈米拉展開會戰，大流士敗逃。亞歷
　　　　　山大被尊為「亞歷山大大帝」。

前 330 年　　6 月，決定繼續追趕大流士。最後，大流士被叛兵刺殺
　　　　　　　　而亡，亞歷山大終究未能與大流士正式見面。

前 329 年　　翻越興都庫什山，到達波斯帝國的東北邊界。

前 327 年　　率兵攻打索格地亞。

前 326 年　　於希達斯佩河畔打敗印度國王包若士。

前 323 年　　逝世。

獻給孩子們的禮物

「世紀人物100」

訴說一百位中外人物的故事

是三民書局獻給孩子們最好的禮物！

◆ 不刻意美化、神化傳主，使「世紀人物」更易於親近。

◆ 嚴謹考證史實，傳遞最正確的資訊。

◆ 文字親切活潑，貼近孩子們的語言。

◆ 突破傳統的創作角度切入，讓孩子們認識不一樣的「世紀人物」。

兒童文學叢書

每個孩子都是天生的詩人

您是不是常被孩子們千奇百怪的問題問得啞口無言?
是不是常因孩子們出奇不意的想法而啞然失笑?
而詩歌是最能貼近孩子們不規則的思考邏輯。

小詩人系列

 現代詩人專為孩子寫的詩

 豐富詩歌意象,激發想像力

 詩後小語,培養鑑賞能力

 釋放無限創造力,增進寫作能力

 親子共讀,促進親子互動

國家圖書館出版品預行編目資料

愛探險的帝王：亞歷山大 / 成彥邦,陳紫薇著;徐福騫
繪.－－初版三刷.－－臺北市：三民，2017
面；　　公分.－－(兒童文學叢書 / 世紀人物100)

ISBN 978–957–14–4771–1　(平裝)

1.亞歷山大(Alexander, the Great, 356–323 B. C.)－
傳記－通俗作品

740.2137　　　　　　　　　　　　　　96009998

©　愛探險的帝王：亞歷山大

著 作 人	成彥邦　陳紫薇
主　　編	簡　宛
繪　　者	徐福騫
發 行 人	劉振強
著作財產權人	三民書局股份有限公司
發 行 所	三民書局股份有限公司
	地址　臺北市復興北路386號
	電話　(02)25006600
	郵撥帳號　0009998–5
門 市 部	(復北店) 臺北市復興北路386號
	(重南店) 臺北市重慶南路一段61號
出版日期	初版一刷　2007年8月
	初版三刷　2017年3月修正
編　　號	S 781960

行政院新聞局登記證局版臺業字第○二○○號

有著作權‧不准侵害

ISBN　978–957–14–4771–1　(平裝)

http://www.sanmin.com.tw　三民網路書店

※本書如有缺頁、破損或裝訂錯誤，請寄回本公司更換。

U0085809